지식인마을 04
토플러 & 엘륄
현대 기술의
빛과 그림자

지식인마을 04 현대 기술의 빛과 그림자
토플러 & 엘륄

저자_ 손화철

1판 1쇄 발행_ 2006. 11. 20.
2판 1쇄 발행_ 2010. 1. 13.
2판 4쇄 발행_ 2024. 11. 1.

발행처_ 김영사
발행인_ 박강휘

등록번호_ 제406-2003-036호
등록일자_ 1979. 5. 17.

경기도 파주시 문발로 197(문발동) 우편번호 10881
마케팅부 031)955-3100, 편집부 031)955-3200, 팩스 031)955-3111

저작권자 ⓒ 손화철, 2006
이 책의 저작권은 저자에게 있습니다. 서면에 의한 저자와 출판사의
허락 없이 내용의 일부를 인용하거나 발췌하는 것을 금합니다.

이 서적 내에 사용된 일부 작품은 SACK를 통해 ADAGP와 저작권 계약을 맺은 것입니다.
저작권법에 의하여 한국 내에서 보호를 받는 저작물이므로 무단 전재 및 복제를 금합니다.

Copyright ⓒ 2006 by Wha-Chul Son
All rights reserved including the rights of reproduction in whole
or in part in any form. Printed in KOREA.

값은 뒤표지에 있습니다.
ISBN 978-89-349-2128-8 04300
     978-89-349-2136-3 (세트)

홈페이지_ www.gimmyoung.com   블로그_ blog.naver.com/gybook
인스타그램_ instagram.com/gimmyoung 이메일_ bestbook@gimmyoung.com

좋은 독자가 좋은 책을 만듭니다.
김영사는 독자 여러분의 의견에 항상 귀 기울이고 있습니다.

지식인마을 04

토플러 & 엘륄
Alvin Toffler & Jacques Ellul

현대 기술의 빛과 그림자

손화철 지음

김영사

Prologue1 지식여행을 떠나며

당연한 것에 대한 반성

지난 100년, 혹은 200년 동안 인간의 삶은 엄청나게 바뀌었습니다. 현대인의 의식주는 물론이고 삶과 죽음, 공간과 시간의 개념까지 과거와는 판이하게 다릅니다. 그러나 100년 전에는 상상조차 할 수 없었던 우주여행과 인간복제, 유비쿼터스를 논의하면서 우리는 놀라거나 충격을 받지 않습니다. 기술의 발전이 당연한 삶의 일부가 되어버렸기 때문입니다.

이 책의 일차적인 목적은 급격한 기술 발전을 당연한 것으로 받아들이는 대신, 그 변화가 어떤 사회적, 개인적, 물질적, 심리적, 문화적, 정치적, 경제적 결과를 초래했는지를 한번 생각해보는 것입니다. 이를 위해서 현대 기술에 깊은 관심을 가지고 연구해온 두 지식인의 사상을 알아봅니다. 토플러와 엘륄은 흔히 현대 기술에 대한 낙관론자와 비관론자의 전형으로 생각되는 사람들입니다. 그러나 자세히 살펴보면, 두 사람 모두 기술 발전의 현실을 정확하게 분석하는 것을 통해 인류가 앞으로 나아가야 할 방향을 모색하고 있음을 알 수 있습니다. 이 두 사람의 고민이 기술 사회를 살아가는 우리 모두의 것이 되어야 한다는 것이 제 확신입니다.

〈지식인 마을〉 시리즈의 한 권을 써 보겠냐는 제안을 받고 고민할 때 들었던 생각 하나는 "엘륄과 토플러가 이 책을 보면 좋아할까?"였습니다. 제 솔직한 대답은 "별로 좋아하진 않을 것 같아"였고요. 두 사람이 쓴 책과 글만 차곡차곡 쌓아도 제 키 높이 정도 될 텐데, 이렇게 짧은 책에 간단히 줄여 소개한다면 본인들 입장에선 황당할 법도 하지요.

그래도 저는 쓰기로 했습니다. 제가 뭐 특별히 그분들 눈치를 살펴야 하는 입장도 아니고, 그분들은 혹 섭섭해할지언정 이런 시도에도 나름대로 의미가 있다고 보았기 때문입니다. 책이 너무 두껍고 어려워 보여서 지레 포기하는 것보다는, 이런 방법을 통해서라도 지식인들의 생각에 다가가는 것이 낫다고 생각했습니다. 그래서 배낭여행 책을 쓰는 기분으로 여러 지식인들을 소개했습니다. 여러분은 이 책을 들고 지식인마을에 가서 사람들과 악수도 하고 사진도 찍고 식당에서 밥도 한 끼 먹고, 분위기도 익힐 수 있을 것입니다. 그러나 배낭여행 책은 관광용일 뿐입니다. 저는 이번 관광이 계기가 되어 언젠가 여러분이 그 마을에 방을 빌려 한동안 살면서 그 마을 사람들을 좀 더 깊이 사귀게 되기를 바랍니다. 맨 뒤에 여러 관련 서적들을 소개한 이유가 바로 이 때문입니다. 그중 한 권이라도 읽으신다면, 저의 보람은 배가 될 것이고 엘륄과 토플러의 황당한 느낌은 좀 줄 겁니다. 무엇보다, 여러분들은 입문서의 뚜렷한 한계를 극복하고 대가들의 통찰을 직접 느낄 수 있겠지요.

역량도 안 되면서 덜컥 일을 맡아 여러 사람 고생시켰습니다. 꼭 보답하겠습니다. 초짜 시간강사한테 걸려 현대 기술을 논하느라 고생한 여러 대학의 학생들에게는, 다시 만나기가 쉽지 않으니 이 지면을 빌려 고마운 마음을 전합니다.

Prologue2 이 책을 읽기 전에

〈지식인마을〉 시리즈는…

〈지식인마을〉은 인문·사회·과학 분야에서 뛰어난 업적을 남긴 동서양 대표 지식인 100인의 사상을 독창적으로 엮은 통합적 지식교양서이다. 100명의 지식인이 한 마을에 살고 있다는 가정하에 동서고금을 가로지르는 지식인들의 대립·계승·영향 관계를 일목요연하게 볼 수 있도록 구성했으며, 분야별·시대별로 4개의 거리를 구성하여 해당 분야에 대한 지식의 지평을 넓히는 데 도움이 되도록 했다.

〈지식인마을〉의 거리
플라톤가 플라톤, 공자, 뒤르켐, 프로이트같이 모든 지식의 뿌리가 되는 대사상가들의 거리이다.
다윈가 고대 자연철학자들과 근대 생물학자들의 거리로, 모든 과학사상이 시작된 곳이다.
촘스키가 촘스키, 벤야민, 하이데거, 푸코 등 현대사회를 살아가는 인간에 대한 새로운 시각을 제시한 지식인의 거리이다.
아인슈타인가 아인슈타인, 에디슨, 쿤, 포퍼 등 21세기를 과학의 세대로 만든 이들의 거리이다.

이 책의 구성은
〈지식인마을〉 시리즈의 각 권은 인류 지성사를 이끌었던 위대한 질문을 중심으로 서로 대립하거나 영향을 미친 두 명의 지식인이 주인공으로 등장한다. 그리고 다음과 같은 구성 아래 그들의 치열한 논쟁을 폭넓고 깊이 있게 다룸으로써 더 많은 지식의 네트워크를 보여주고 있다.

초대 각 권마다 등장하는 두 명의 주인공이 보내는 초대장. 두 지식인의 사상적 배경과 책의 핵심 논제가 제시된다.
만남 독자들을 더욱 깊은 지식의 세계로 이끌고 갈 만남의 장. 두 주인공의 사상과 업적이 어떻게 이루어졌으며, 그들이 진정 하고 싶었던 말은 무엇이었는지 알아본다.
대화 시공을 초월한 지식인들의 가상대화. 사마천과 노자, 장자가 직접 인터뷰를 하고 부르디외와 함께 시위 현장에 나가기도 하면서, 치열한 고민의 과정을 직접 들어본다.
이슈 과거 지식인의 문제의식은 곧 현재의 이슈. 과거의 지식이 현재의 문제를 해결하는 데 어떻게 적용될 수 있는지 살펴본다.

이 시리즈에서 저자들이 펼쳐놓은 지식의 지형도는 대략적일 뿐이다. 〈지식인마을〉에서 위대한 지식인들을 만나, 그들과 대화하고, 오늘의 이슈에 대해 토론하며 새로운 지식의 지형도를 그려나가기를 바란다.

지식인마을 책임기획 장대익
서울대학교 자유전공학부 교수

Contents 이 책의 내용

Prologue1 지식여행을 떠나며 · 4
Prologue2 이 책을 읽기 전에 · 6

초대

미래를 알고 싶은 사람들 · 12
싸움만 잘하는 네오 | 테러범에겐 뭐가 필요했을까?
점쟁이한텐 뭐 하러 가나? | 《긍정의 힘》과 투덜이 스머프
네오+테러범+미래학자+투덜이 스머프

만남

1. 기술, 마침내 역사의 중심으로 · 22
이공계 위기의 역사 | 아는 것이 힘이다 : 현대 기술의 아버지 프랜시스 베이컨
산업혁명이 시작되다 | 현대 기술의 약속 | 100년 전과 오늘, 그리고 미래

2. 악몽과 길몽 · 38
《프랑켄슈타인》 vs. 생각하는 로봇 | 《1984》 vs. 유비쿼터스
체르노빌 vs. 수소 에너지 | 〈가타카〉 vs. 줄기세포

3. 제3의 물결 위로 서핑하라, 토플러 · 53
세상을 덮치는 제3의 물결 | 인류의 역사는 물결의 충돌이다
베이컨의 예언, 두 번째로 적중하다 | 물결이 보이니? 그럼 올라타봐!
긍정의 힘

4. 엘륄, 인간은 기술의 주인인가, 하인인가? · 77
전통적 기술과 현대 기술의 차이 | 현대 기술의 특징들
인간의 통제를 벗어난 기술 : 기술의 자율성 | 시스템에 묶인 인간
위험 사회 | 기술을 믿으라. 그리하면 구원을 얻으리라 : 종교가 된 기술
현대 기술, 발전 안 하면 안 돼?

5. 엘륄의 동조자들 · 102
'존재의 드러냄' 으로서의 현대 기술 : 하이데거
새 기술과 새 과학을 향해 : 마르쿠제 | '테크노폴리' 에서 벗어나라! : 포스트먼
도장목과 도장장이 : 보르크만 | 투덜거리긴 했지만……

6. 기술, 마침내 역사의 중심으로 · 117
  기술은 사회적으로 구성된다 : 기술의 민주화 이론1
  기술은 정치적이다 : 기술의 민주화 이론2
  어떻게 민주적 합의에 이를 것인가? : 합의회의
  누가 민(民)인가? : 기술 민주화 이론의 문제점들

7. 기술 사회에 대한 다양한 도전 · 134
  옛날로 돌아가자고? : 아미시 공동체의 기술 사용
  작은 것이 아름답다 : 슈마허 | 기술의 생태학 : 밴더버그
  공학윤리, 생명윤리, 의료윤리

8. 생각해보는 것이 힘이다 · 151
  반성할 수 있는 능력
  '이상적인 사회'는 어떤 사회며, 기술과는 무슨 상관이 있는가?

Chapter 3 대화
복제 배아 줄기세포 연구 계속할 것인가, 말 것인가? 합의회의 · 160

Chapter 4 이슈
- 경제가 기술을 이끄는가, 기술이 경제를 이끄는가? · 180
- 총이 사람을 죽이는가, 사람이 사람을 죽이는가? · 185
- 기술의 발전은 인간의 진보인가? · 191

Epilogue　1 지식인 지도 · 198　2 지식인 연보 · 200　3 키워드 찾기 · 202
　　　　　4 깊이 읽기 · 205　5 찾아보기 · 210

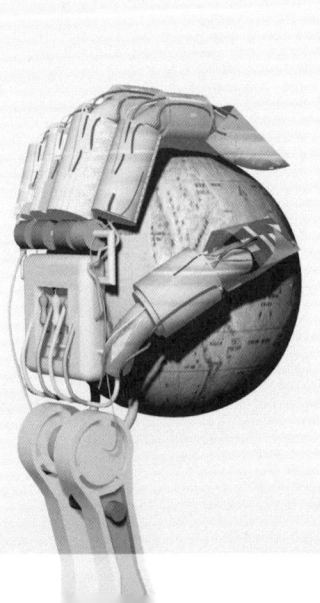

Alvin Toffler

Chapter 1

✉ 초대
INVITATION

과학기술은 우리에게 말할 수 없는
편리함과 풍요를 가져다주었다.
하지만 그 이면에는 분명 부정적인 면도 존재한다.
지금도 무서운 속도로 발전하는 현대 기술은
앞으로의 우리 삶 또한 변화시킬 것이다.
희망과 절망의 시선이 교차하는 미래의 기술 사회를
우리는 어떤 시선으로 바라봐야 할까?

Jacques Ellul

 초대

미래를 알고 싶은 사람들

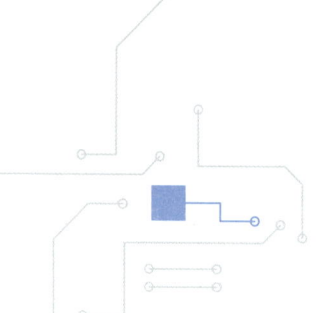

싸움만 잘하는 네오

몇 년 전, 전 세계적으로 선풍적인 인기를 끌었던 영화 〈매트릭스Matrix〉(1999)는 기계가 지배하는 세상을 그린다. 영화 속에서 세상을 완전히 정복한 기계들은 인간들을 거대한 기계에 묶어놓고 키우며 그 생체 에너지를 뽑아 스스로를 돌린다. 사람들을 자라게 하기 위해서는 의식이 살아 있어야 하기 때문에 사람들의 뇌를 기계에 연결하여 가상 세계에서 정상적인 생활을 하는 것처럼 생각하게 만든다. 이른바 '통 속의 뇌brain in a vat*'와 같은 상황인 것. 그런데 이런 상황을 알고 있는, 진짜 육체를 가진 한 무리의 사람들이 있다. 시온이라는 지하 세계에 모여 살고 있는 이들은 매트릭스에 묶여 있는 사람을 하나씩 해방시키고 기계들을 몰아내려는 노력을 기울인다. 네오는 이들에게 구출되는데, 그들은 네오를 자신들을 해방시킬 구세주라고 믿는다. 처음엔 이 모든 상황을 믿지 않던 네오는 마침내 자신의 운명을 깨닫고 기계들의 지배에 대항해 싸우게 된다.

〈매트릭스〉의 속편으로 2003년 개봉된 〈매트릭스 리로디드Matrix Reloaded〉에 나오는 별로 재미없는 한 장면. 진짜 인간들의 지하 세계인 시온에서 네오와 그의 동료 전사이자 애인인 트리니티는 잠자리에 들지만 네오는 잠이 오지 않는다. 네오가 방을 나와 서성이는데, 시온 장로회의의 의원 하먼이 다가와 시온의 기계실에 가보자고 한다. 기계실엔 지하에서 사람들이 살 수 있도록 해주는 엄청난 크기의 기계들이 돌아가고 있다. 거기서 나누는 두 사람의 대화.

∷ 통 속의 뇌

철학에서 인식과 현실, 진리 등에 대한 여러 특징들을 논증하기 위해 사용한 사고 실험의 일종으로, 인간의 뇌를 육체에서 꺼내 슈퍼컴퓨터에 연결하면 그 뇌는 실제로 일어나지 않은 일련의 상황을 외부적인 사건이나 물체와의 소통 없이도 '가상 현실'로 체험할 수 있다는 가정이다. '통 속의 뇌'라는 개념은 철학적 회의주의 논쟁에 자주 이용된다.

|하먼| 아무도 여기에 내려오지 않는다네. 뭔가 망가져야 내려오지. 사람들이 다 그렇거든. 잘 돌아가기만 하면 어떻게 돌아가는지는 신경 안 쓰지. 하지만 난 여기를 좋아한다네. 여기 와서 이 도시가 이 기계들 덕분에 생존할 수 있다는 사실을 스스로 일깨우는 게 좋아. 이 기계들은 우리가 살아 있을 수 있도록 해주는데, 다른 기계들은 우리를 죽이러 오지. 재미있지 않나? 생명을 주는 힘과 생명을 앗아가는 힘⋯⋯.

|네오| 우리한테도 똑같은 힘이 있죠.

|하먼| 그렇지. 우리에게도 똑같은 힘이 있지. 하지만 난 가끔씩 여기 내려오면 매트릭스에 아직 연결되어 (자기의 인체 에너지를 기계들에게 빼앗기고) 있는 그 사람들을 생각하게 돼. 그러다 이 기계들을 보면 왠지 그런 생각이 들어. 우리도 마찬가지로 이 기계들에 연결되어 있는 게 아닐까 하는 생각 말이야.

|네오| 하지만 우리들은 이 기계들을 지배하잖아요. 이 기계들이 우릴 지배하는 게 아니고.

|하먼| 물론이지. 이것들이 우릴 어떻게 지배하겠어. 바보 같은 생각이지. 하지만 말이야. 도대체 지배라는 게 뭘까?

|네오| 우리가 원하면 이 기계들을 꺼버릴 수 있죠.

|하먼| 물론 그렇지. 자네가 정곡을 찔렀네. 바로 그게 지배지. 안 그래? 우리가 원하기만 하면 이 기계들을 아주 박살을 낼 수 있지. 물론 그러고 나면 조명, 난방, 공기 등은 어떻게 해결할지 생각은 해봐야지.

|네오| 그러니까 우리는 기계가 필요하고 기계도 우리가 필요하다 뭐 그게 요점인가요, 의원님?

|하먼| 아니야, 아니야. 요점은 없어. 나같이 늙은이가 되면 요점 같은 건 말하지 않지.

이 영화에서 네오는 총도 잘 쏘고 싸움도 잘 하지만 머리가 그렇게 빨리 돌아가지는 않는다. 위의 대화에서도 하먼 의원이 하는 말이 무슨 소린지 잘 못 알아듣고 있는 중이다.

테러범에겐 뭐가 필요했을까?

 2001년 9월 11일 미국 맨해튼에 있는 세계무역센터^{World Trade Center}와 미국 국방부 청사 펜타곤, 그리고 펜실베이니아의 숲에 여객기 네 대가 잇달아 충돌, 추락하는 테러에 의한 사고가 일어났다. 이른바 9·11 테러로 불리는 이 사건은 이후 미국뿐 아니라 전 세계에 지대한 영향을 미쳤다. 미국의 주도로 일어난 테러와의 전쟁으로 아프가니스탄과 이라크에서 수많은 인명 피해가 난 것이 겉으로 드러난 결과라면, 그 누구도 테러의 위협에서 자유로울 수 없다는 인식이 퍼진 것은 이 사건의 눈에 잘 띄지 않는 결과다. 9·11 이후, 세계는 더 이상 이전 같은 곳이 아니다.

 미국을 방문하려면 다른 나라를 방문할 때보다 훨씬 더 많은 보안 검사를 받게 된다. 미국으로 향하는 비행기를 타기 위해서는 여행 가방을 언제, 어디서, 누가 쌌는지 말해야 하고, 가방 속에 폭탄이나 총과 같은 무기가 들어 있느냐는 어처구니없는 질문을 받기도 한다. 비행기에서 내려 미국 입국 심사대를 통과할 때는 모든 외국인이 지문을 날인하고 사진을 찍어야 한다. 이 자료들은 데이터베이스에 보관되며, 미국을 떠날 때도 공항에서 다시 지문과 사진을 찍는다. 신원이 불명확한 사람, 테러를 할 것 같은 사람은 아예 미국에 들이지 않겠다는 것이다.

 그런데 정작 이 테러를 일으킨 사람들 중 몇몇은 유럽에서 대학 교육을 받은 사람들이었고 전과도 없었다. 그들은 합법적으로 미국에 들어와 국내선 비행기를 타고 가다 범행을 저질렀다. 범행 당일 범인들이 비행기로 가지고 들어갔던 준비물은 뭐였을까? 실제로는 폭탄, 칼 등을 가지고 있었다고 전해지지만 사실 그런 간단한 무기들조차 필수적인 것은 아니었을 것이다. 그들이 원하는 것은 조종실을 점거해서 비행기를 목표 지점으로 몰고 가는 것이었기 때문이다. 조종실로 가는 것을 막는 승무원이나 조종사를 제압할 수 있는 무술과 비행기 조종술, 그리고 죽을 각오만 되어 있었다면 굳이 총이나 폭탄 같은 무기를 비행기 안으로 반입하는 모험을 감행하지 않아도 되었을 것이다. 미국의 국내 여객기에는 조종사를 포함 승무원이 서너 명밖에 없는 경우도 흔하다.

이런 사정을 감안한다면 공항의 수많은 보안 시스템은 무슨 의미가 있을까? 입국 시에 지문이나 사진을 찍는 것은 지금까지 특별한 전과나 문제가 없는 사람이 미국에 들어오는 것을 막지 못한다. 무기나 위험한 물건을 소지하지 않는 한 국내선 비행기에 타는 사람을 막을 이유도 없다. 엄청난 기술과 자본을 들여 구축한 보안 장비들은 한 사람이 죽음을 각오하면 그만 쓸모없는 것이 되고 만다. 만약 그들이 핵발전소나 수력 댐을 겨냥해 추락했다면 어떤 일이 발생했을까?

하늘을 나는 쇳덩어리라고 해야 할 비행기, 각종 첨단 장비로 물샐틈없이 보안이 유지되는 엄청난 규모의 공항, 100층이 넘는 건물……. 그야말로 현대 기술의 복합체라고 할 수 있는 이 모든 것들이 목숨을 건 몇몇 테러리스트에게 농락당했다. 옛날에는 대여섯 명이 목숨을 건다고 해서 그렇게 많은 사람들이 피해를 입지는 않았다. 하지만 이제는 다르다. 세상에 착한 사람만 사는 게 아니라고 한다면, 9·11과 같은 일은 또 일어날 수도 있을 것이다.

점쟁이한텐 뭐 하러 가나?

해마다 정초가 되면 많은 사람들이 사주를 보러 간다. 21세기와는 별로 어울리는 것 같지는 않은데, 재미로 본다는 사람도 있고, 자못 심각한 사람들도 꽤 된다. 선거 때가 되면 각 당의 후보들이 유명하다는 '철학관'으로 몰리고, 신문에는 이 점술가들의 의견을 모은 기사가 크게 나기도 한다. 지난 2,000년 동안 기독교의 본거지를 자처해온 서양도 예외는 아니어서 미국의 레이건 전 대통령이 중요한 결정을 내릴 때마다 점술가한테 의견을 물었다는 이야기도 있다. 믿거나 말거나.

미래를 알고 싶어 하는 것은 사람들의 오랜 숙원이자 풀지 못한 숙제다. 점쟁이보다 훨씬 더 과학적인 방법으로 미래를 이야기하는 사람들도 있다. 바로 미래학자다. 그들은 현재의 여러 가지 상황을 종합해 미래가 어떤 식으로 펼쳐질 것인지를 내다본다. 이 사람들은 점을 치는 게 아니다. 꼭 그렇게 된다는 것이 아니라 그럴 가능성이 많다는 분석을 내놓는 것이다.

그런데 사람들은 왜 미래를 알고 싶어 할까? 이유는 간단하다. 미래를 알면 미리 준비할 수 있다고 생각하기 때문이다. 물에 빠져 죽을 운세라면 물 근처에는 가지도 않을 뿐 아니라 물도 안 마시고 '물'(혹은 '水')이란 말이 씌어 있는 책도 안 본다. 점쟁이도 그냥 조심하라고만 하지 않는다. 자신도 고객관리를 하려면 미래를 바꾸는 법을 알려줘야 한다. 운수가 영 안 좋다는 점괘가 나오면 복채를 받고 부적을 써주거나 조상 묘를 바꾸게 한다. 미래학자 입장에서는 점쟁이와 비교하는 것이 기분 나쁠 수도 있지만, 미래학자가 뜨는 이유도 결국 같다. 즉, 사람들은 미래에 대비하고 싶은 것이다. 물론 미래학자는 점쟁이에 비해 훨씬 긍정적이다. 점쟁이가 재난을 피하게 해준다면 미래학자는 미래에 어떻게 성공할 것인지에 더 중점을 둔다.

그런데 미래를 알고 싶은 욕구와 미래를 바꾸고 싶은 욕구는 서로 묘한 모순을 이룬다. 미래를 알고 싶다는 것은 미래가 어느 정도 고정되어 있다는 것인데, 미래를 바꾸겠다는 것은 고정된 미래를 흔들겠다는 뜻이기 때문이다. 결국 점쟁이의 예언이나 미래학자의 예측이 100퍼센트 맞아 들어가는 것은 곤란하다. 전체적인 흐름은 맞되 각론은 바뀌어야 한다.

《긍정의 힘》과 투덜이 스머프

《긍정의 힘 Your Best Life Now》(2004)이라는 책이 한동안 여러 나라에서 베스트셀러였다. 이 책은 상황을 긍정적으로 생각하는 버릇이 얼마나 큰 힘이 되는가라는 내용을 담고 있다. 그런데 이 힘을 모르고 항상 투덜거리고 걱정하는 사람들이 있다. 이 사람들은 도무지 세상에 비판하고 불평할 일밖에 없다. 월드컵에서 태극전사들이 이기면 응원하는 동네사람들이 시끄럽다고 불평하고, 지게 되면 감독이 어떻고 선수가 어떻고 말이 많다. 모든 일에 부정적인 측면만 보기 때문에 다른 사람들에게 별로 인기가 없다. 만나기만 하면 얼굴을 찡그리는데 누가 좋아하겠는가. 그러나 어디에 가나 그런 사람은 꼭 하나씩 있기 마련이다. 심지어 개구쟁이 스머프들의 아름답고 평화로운 나라에도 투덜이 스머프가 살고 있다. 당연히 인기가 좋을 리 없다.

문제는 모든 긍정이 긍정적이지 않고, 모든 비판이 부정적이지 않다는 것이다. 투덜이 스머프처럼 별일도 아닌 일에 걱정하고 투덜거리는 것이 바람직하다고 할 수는 없지만 때로는 좀 비판적이거나 상황을 의심하는 태도가 의외로 좋은 결과로 이어질 수도 있다. 예를 들어 커다란 배가 사람을 가득 싣고 먼 여행을 떠나는데 구명보트가 있는지 없는지 점검하는 것은 반드시 필요한 일이다. 많은 사람을 태우고 다니는 버스가 별 이상 없이 잘 나간다고 해서 몇 년이 지나도록 안전점검을 하지 않는 것은 위험하다. 큰 배가 먼 여행을 떠나기 전에는 구명보트를 반드시 확인해야 한다. 버스의 브레이크를 매일 검사할 필요는 없지만 정기적으로는 들여다봐야 한다. 투덜거리는 사람을 미워하는 건 할 수 없지만 너무 구박하는 건 곤란하다.

◼ 네오 + 테러범 + 미래학자 + 투덜이 스머프

앞에서 네오가 멍청하다고 했지만, 때론 우리도 우리가 기술에 얼마나 얽혀 살고 있는지 모른 채, 우리가 기술을 마음대로 사용한다고 생각하는 경우가 있다. 그런데 그 기술이란 것이 몇백 톤짜리 쇳덩어리를 날아다니게 하고 100층짜리 건물을 올리게 할 수도 있지만, 한번 무너지기 시작하면 아주 쉽게 무너지는 경향이 있다. 이때 하늘을 나는 쇳덩어리와 100층짜리 건물이 가져올 좋은 점에 대해서 주로 말하는 사람이 미래학자다. 또 다른 편에는 그게 무너질 가능성에 대해서 주로 걱정하는 투덜이 스머프 같은 사람들이 있다. 이렇게 상반된 생각을 하는 사람들이 있어 미래를 걱정할 수밖에 없고, 미래를 준비하고 싶어 하고, 그래서 점쟁이들도 아직까지 성업 중이다.

  이 책은 우리 시대의 이런 복잡한 사연을 조금만, 아주 조금만 다룰 것이다. 앨빈 토플러와 자크 엘륄은 지난 200여 년 동안 발전되어온 현대 기술에 대해 서로 다른 입장을 취한 사람들이다. 현대 기술이 인간의 삶을 어떻게 바꾸었는지, 앞으로 어떻게 바꿀 것인지, 그리고 어떻게 바꾸어야 할 것인지에 대해서 생각해보는 것은 매우 중요하다. 한 가지 답을 내기는 쉽지 않지만 지금까지 인류가 한 번도 경험하지 못한 특수한 상황에 있는 우리 자신들에 대해 한번 숙고해볼 필요가 있다. 엘륄과 토플러, 그리고 그들을 둘러싼 여러 사람들의 생각에 대해 알아보는 것은 그들의 생각이 옳기 때문이라기보다는 좀 더 폭넓은 시각을 배우기 위해서이다. 미래에 대한 보다 균형 잡힌 사고는 우리 스스로 만들어가야 한다. 기술 사회를 헤쳐나가는 데 도움을 주는 부적은 점쟁이도 팔지 않기 때문이다.

Alvin Toffler

Chapter 2

만남
MEETING

현대의 기술은 모든 인류의 행복을 기약하는
새로운 기회일까, 아니면 재앙의 시작일까?
우리는 악몽이 현실화되는 것을 목도하고 있는 것인가,
아니면 길몽의 실현을 기다리고 있는 것인가?
기술 사회에 대한 상반된 입장을 보여준 두 사람,
엘륄과 토플러의 이야기를 들어보자.

Jacques Ellul

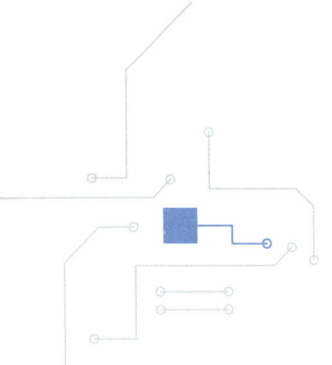

만남 1

기술, 마침내 역사의 중심으로

■ 이공계 위기의 역사

　이공계 위기에 대한 우려의 목소리가 높다. 학생들이 전공을 선택할 때 이공 계열보다는 법학이나 의학, 경영학 등을 선호하는 경향이 두드러지게 된 것은 1990년대 후반부터라고 한다. 그 전까지는 경제 발전의 주요 동력이 되는 기술 인력들을 우대했으나 이제는 그 처우가 악화되고 있다고 한다. 왜일까? 여러 가지 분석이 있지만 그중 하나는 기술 발전이 워낙 빠르기 때문이다. 한 분야의 전문 지식을 쌓아도 얼마 지나지 않아 새로운 기술이 나오고 애써 배운 이전의 기술은 무의미한 것이 되고 만다. 상황이 이렇다 보니 기업들은 새로운 기술에 대한 전문성을 갖춘 대학 졸업생들을 새로 영입하고 기존의 직원들은 해고한다. 그러나 피고용인의 입장에서는 직업의 안정성이 보장되지 못하니 기피할 수밖에 없는 것이다.

그러나 역설적이게도, 이공계에 대한 부정적인 인식이 퍼지고 이공계가 기피해야 할 전공으로 된 것을 '위기'라고 표현하는 것은 현대 사회에서 이공계가 차지하는 비중이 크다는 것을 잘 보여주고 있다. 다시 말해서, 이공계로 학생들이 오지 않으려는 것이 '위기'인 이유는 현대 기술 사회를 유지해나가기 위해서 이공계 인력이 꼭 필요하기 때문이다.

그런데 따지고 보면 이공계의 중요성이 높아진 것은 몇 년 되지 않았다. 과거에는 지금 이공계에 해당하는 사람들, 그중에서도 기술자나 장인들을 무시하는 경향이 있었다. 이는 동서양을 막론하고 비슷해서, 유교에서는 사농공상±農工商이라 하여 장인과 장사꾼을 농사짓는 사람보다 못하게 여겼고, 고대 그리스에서는 플라톤 이래로 손을 사용하는 작업은 자유 시민에게 어울리지 않는 열등한 일이라고 생각했다. 서양 중세에도 귀족은 방위의 의무, 성직자는 기도의 의무, 노동자는 다른 사람을 먹여 살리는 의무를 가진다고 생각해서 과학과 기술은 덜 중요한 일에 속한다고 여겼다. 당연히 기술자가 큰돈을 벌거나 사회적 지위를 얻는 일은 드물었다. 물론 순수과학이나 수학 같은 학문들은 그 가치를 인정받았지만, 철저히 이론적인 차원의 연구에 그쳤고, 그나마도 학문 활동의 주변부에서만 이루어졌다. '이공계의 위기'로 불리는 요즘의 현상이 실은 지난 몇천 년 동안 계속되어 온 셈이다. 물론 그때는 '위기'라고 인식하지도 않았겠지만 말이다.

오늘날은 돈도 많이 못 벌고 직업의 안정성도 떨어져서 이공계를 기피한다면, 옛날 사람들이 기술을 천시한 이유는 무엇이었을까? 여러 가지 해석이 가능하지만 그중 하나는 인간을 자연의 일부로 보았기 때문이다. 자연을 가공해서 새로운 것을 만드는 기술은 필요하긴 하면서도 뭔가 부적절한 일이라고 보았던 것 같다. 또 다른 이유로 기술이 속해 있는 물질적인 영역에 대한 천시 때문인데, 정말 고상한 인간은 물질적인 영역이 아닌 정신적인 영역에서 만족을 추구해야 한다고 생각했던 것이다. 이렇게 기술을 뭔가 수준 낮은 것, 혹은 기피해야 할 것으로 생각하는 경향 때문에 최근까지 인류 역사에서 기술의 발전은 상당히 더디게 이루어졌다.

한 예로 쟁기를 들 수 있다. 서양 중세 초기인 6세기에서 9세기 사이에 북유럽에서 농업 생산량과 인구가 함께 증가한 것을 두고 '농업혁명'이라고 부르는데, 기술사학자 린 화이트^{Lynn White, Jr., 1907~1987}°는 이 혁명적 변화가 쟁기의 모습이 변한 것과 관련이 있다고 주장한다. 가장 오래된 농기구 중 하나인 쟁기는 본래 부삽 같은 것을 소나 말의 뒤에 달아 끌게 하면서 땅을 긁는 것이었다. 그러나 날씨가 습한 북유럽의 땅은 축축하게 젖어 있어 그렇게 가벼운 쟁기로는 땅이 제대로 갈리지 않았다. 유럽 남부의 이탈리아에서는 여러 필의 말이 끄

::: **화이트**
린 화이트는 미국의 중세사학자로, 주로 중세시대 기술 발전이 미친 영향에 대해 연구했다. 그는 서양이 기술적인 우월성을 확보하게 된 결정적인 시기로 중세를 지목했고, 중세 서양 기독교의 적극적인 속성이 이후 기술 발명의 심리적 기반이 되었다고 주장했다. 20세기 생태학적 위기의 역사적 뿌리는 기독교적 중세에 있다는 사고하에 지금도 많은 영향을 미치고 있는 《우리의 생태학적 위기의 역사적 기원(The Historical Roots of Our Ecological Crisis)》(1967)을 저술했다.

▪▪ 이탈리아의 쟁기가 북유럽으로 가기까지, 혹은 쟁기가 좀 더 복잡한 모양을 가지게 되기까지 500~600여 년이라는 시간이 걸린 까닭은 그 당시 사람들에게 기술의 발전은 그리 중요한 문제가 아니었기 때문이다.

는 무거운 쟁기가 1세기에도 사용되었다는 기록이 있지만, 북유럽에서는 6세기가 되어서야 무거운 쟁기가 일반화되기 시작했다. 이 쟁기 앞부분에는 커다란 날이 있어 흙을 깊이 파내고, 그 다음에는 날과 수직으로 붙어 있는 보습이 흙을 수평으로 자른다. 이렇게 분쇄된 흙은 맨 뒤에 비스듬히 붙어 있는 쟁기 볏을 따라 왼쪽이나 오른쪽으로 넘어간다. 이러한 쟁기로 흙을 깊이 파고 뒤엎을 수 있었기 때문에 땅속에 있는 영양분이 표면으로 나오게 되어 긁기형의 쟁기보다 수확이 훨씬 더 많았다.

  이탈리아의 쟁기가 북유럽으로 가기까지, 혹은 쟁기가 좀 더 복잡한 모양을 가지게 되기까지 500~600여 년이 걸린 셈이다. 왜 이렇게 오래 걸렸을까? 거리가 멀어서도 아니고 머리가 나빠서도 아니다. 그 당시 사람들에게 기술의 발전은 그리 중요한 문제가 아니었기 때문이다. 새로운 기계, 새로운 생각은 별로 환영받지 못했고, 따라서 퍼져 나가는 속도도 매우 느렸다.

아는 것이 힘이다 현대 기술의 아버지 프랜시스 베이컨

  '아는 것이 힘이다'라는 말의 의미는 무엇인가? 얼핏 들으면 이 말은 '대학에 가야 훌륭한 사람이 된다' 혹은 '뭘 아는 것은 힘을 가지는 것과 같아서 유식한 사람은 다른 사람을 제압할 수 있다' 정도로 들린다. 그러나 프랜시스 베이컨[Francis Bacon, 1561~1626]이 이 말을 했을 때는 좀 다른 의미였다.

  소크라테스에서 베이컨에 이르기까지 2,000년이 넘는 서양 역사에서 자연에 대한 탐구는 윤리나 신학에 대한 탐구보다 열등한 것으로 생각되었다. 동식물에 관한 연구, 천체에 대한 연구가 이루어지지 않은 것은 아니지만, 중요한 학문으로 인정받은 적은 없었다. 설사 연구가 이루어진 경우에도 대부분 지적 호기심을 충족시키거나 자신들의 철학적, 신학적 입지를 강화하기 위해 사용했을 뿐, 실용적인 목적으로 사용하지는 않았다.

그러나 베이컨은 자연철학(과학)을 모든 학문의 어머니라고 부르며 고대 그리스에서 소크라테스와 같은 시대를 살았던 자연철학자 데모크리토스^{Demokritos, BC 460?~370?}*를 자기 사상의 뿌리로 보았다. 데모크리토스는 만물을 작은 입자(원자)들의 운동으로 설명했다. 따라서 모든 자연현상을 원자의 단위까지 분석해 나가면 그 일이 왜 일어나는지를 알 수 있다고 했다. 물론 데모크리토스의 생각도 단지 철학적 사유의 결과였지만, 이러한 생각은 현대 과학기술적 사고의 기본이다. 이후에 근대 과학을 통해 분자와 원자가 모여 세상을 구성한다는 사실이 발견된 것은 물론이거니와, 일상생활에서도

:: 베이컨

16세기 영국의 철학자로 고전경험론의 창시자라 불린다. 인간의 올바른 인식을 가로막는 4대 우상(종족의 우상, 동굴의 우상, 시장의 우상, 극장의 우상)이라는 개념으로 잘 알려져 있다. 그는 학문을 철학, 시학, 역사로 구분하고, 철학을 다시 신학과 자연철학으로 나누었는데, 주된 관심은 자연철학에 두었고, 과학철학적 방법론 구성을 위해 노력했다. 주 저서로 《신기관(Novum Organum)》(1620)이 있다.

:: 데모크리토스

고대 그리스의 자연철학자. 모든 물질이 더 이상 나누어질 수 없는 작은 입자로 이루어졌다는 고대 원자론을 확립했다. '진공'의 개념을 최초로 고안한 것으로도 유명하다. 데모크리토스의 원자론은 모든 방식의 유물론의 출발점을 이룬다.

해결하거나 이해해야 할 일이 생기면 우리는 일단 그 문제를 작은 단위로 나누고 각각의 단위를 파악하거나 고친 뒤에 다시 합치는 방식으로 해결한다.

베이컨은 이러한 분석을 통해 자연에서 일어나는 일들의 원인을 알게 되면, 그 지식을 이용해 자연을 조종할 수 있다고 믿었다. 따라서 '아는 것이 힘이다'라는 말에서 '아는 것'은 자연과학적 지식을 말하고, '힘'이란 자연을 변화시킬 수 있다는 뜻이다.

당연한 주장 같지만, 베이컨이 살던 시절에는 파격적인 것이었다. 베이컨 이전 시대에는 자연에 대한 지식을 갖게 되어도 그것을 응용해 뭔가를 바꾸려고 하지는 않았다. 아는 것 자체가 가치 있는 일이라고 여겼고, 지식을 실제의 필요와 연결시키는 것을 싫어했다. 예를 들어 플라톤은 기하학을 실생활에 사용하면 그 아름다움이 손상된다고까지 생각했다. 서양 중세시대에도 이런 경향은 계속되었다. 이런 배경에는 자연의 힘은 극복할 수 없는 것이라는 생각이 깔려 있다. 엄청난 자연의 힘 앞에서는 아무것도 할 수 없는 현실적인 무능력은 자연을 신의 창조물로 보는 사상이나 기술을 멸시하는 태도 등으로 인해 더욱 강화되었다.

이러한 생각은 중세 교회의 힘이 약화되던 15~16세기의 르네상스시대부터 조금씩 바뀌기 시작한다. 중세에서 상인 또는 기술자 조합 '길드'에 소속되어 있던 사람들이 귀족과 성직자의 지배로부터 점차 자유로워지면서 기술에 대한 멸시도 약화된 것이다. 또 중세까지는 신에 대해서만 연구하던 학문적 풍토가 바뀌어 인간 자신과 자연에 대한 관심이 증폭되었다. 17세기부터 근대 자연과학이 발전한 배경에는 이런 요소가 개입되어 있다. 베이컨의 말은 한편으로는 그의 선견지명을 보여주기도 하지만, 다른 한편으로는 그가 살았던 시대의 분위기를 잘 표현한 말이라고도 볼 수 있다.

베이컨 이후 자연과학의 발전이 곧바로 기술의 발전으로 연결된 것은 아니다. 17세기 이후 발전하기 시작한 자연과학 연구는 한동안 실제 생활과는 무관하게 이론적으로만 발전했다. 그러나 적어도 자연에 대한 막연한 두려움은 점차 사라지기 시작했다. 역시 같은 시대를 살았던 데카르트는 자연뿐 아니라 인간의 몸도 기계와 같다고 하였다. 자연은 더 이상 우리가 파악할 수 없는 거대한 힘이 아니라 이해할 수 있고 나아가 조작이 가능한 대상이라는 인식이 확산되었다.

산업혁명이 시작되다

산업혁명은 18세기 중엽부터 영국에서 일어나 전 유럽으로 퍼진 산업화와 그에 맞물려 진행된 정치, 사회, 문화, 경제적 변화를 일컫는다. 산업혁명의 원인으로는 식민지의 확보, 자유 농민의 증가, 인구 증가, 개발 등 여러 가지가 있지만, 무엇보다도 중요했던 것은 이 시기에 폭발적으로 일어난 기술의 진보였다. 자연을 이용하는 것에 대한 막연한 두려움이 사라지자, 기술을 이용해 자연을 극복하려는 다양한 시도가 적극적으로 진행되었다. 이미 상당히 발전해 있던 과학 이론들은 기술의 발전이 가속화됨에 따라 점점 더 많이 응용되기 시작했다. 오랫동안 서로 무관

했던 과학과 기술이 만나게 된 것이다.

그중에서도 증기기관에서 시작되어 발전기로 이어진 에너지 기술은 사람들에게 엄청난 충격을 주었다. 그때까지 인간들이 복종해야 했던 자연의 힘을 비로소 인간 마음대로 제어할 수 있게 된 것이다. 쇳덩어리 기관차에 객차를 줄줄이 달고 수백 명의 사람들이 타고 있어도 앞으로 칙칙폭폭 갈 수 있는 기차! 그 광경을 처음 본 사람들은 얼마나 큰 감동을 받았을까? 대낮처럼 환한 전깃불이 온 거리를 비추었을 때는 또 어땠을까? 1900년 파리에서 열린 만국박람회 Exposition Universalle를 방문한 미국의 역사가이자 철학자인 헨리 애덤스 Henry B. Adams, 1838~1918는 "발전기가 무한성의 상징이 되었다"고 말했다. 무한한 것은 보통 인간의 영역 밖에 있었는데, 발전기는 인간이 마음대로 사용하는 기계가 아닌가! 애덤스의 말이 맞다면, 인간은 마침내 무한한 힘을 가지게 된 것이다.

1900년 만국박람회가 열릴 당시 파리의 풍경.

그러나 그 충격이 모든 사람에게 경이롭고 좋은 것은 아니었다. 산업혁명이 진행되는 동안 도시로 몰려든 사람들 때문에 런던, 파리 등 유럽의 대도시들에는 대규모 빈민가가 형성되었고, 이들은 공장에서 비인간적인 대우를 받아가며 목숨을 유지해야 했다. 어린이 노동은 예사로 일어나는 일이어서, 산업혁명 당시 직조 공장의 기계들은 어린이들의 키에 맞추어 낮게 설계되기도 했다. 마르크스^{Karl Marx, 1818~1883}는 5살짜리 어린이가 공장에서 12~15시간 동안 일해야 하는 상황에 분노하며 노동자가 생산의 주인이 되는 사회주의 혁명을 주장했다. 숙련 노동자들은 대량생산이 가능한 기계 때문에 졸지에 일자리를 빼앗겼다고 분노했다. 19세기 초 네드 러드^{Ned Ludd}라는 사람은 기계화로 직장을 잃게 된 동료들과 함께 공장에 불을 지르고 직조 기계를 부수는 운동을 벌였다. 러드를 따르던 사람들을 러다이트^{Luddite}라 부르고, 그들의 반(反)기계 사상을 러디즘^{Luddism}이라 부르는데, 이는 산업혁명 결과 오히려 더 고통 받는 사람이 생겨났다는 사실을 보여준다.

중세에 기득권을 가지고 있던 교회와 귀족 계급은 산업혁명을 전후로 그 힘을 잃었다. 1789년 프랑스 혁명도 산업혁명의 와중에 일어난 일로 볼 수 있다. 또 인구의 대부분을 차지했던 농민들은 역시 경제의 중심이 도시로 옮겨가면서 도시 노

∷ 러드

네드 러드라는 인물은 산업혁명 당시 기계 파괴 운동을 주도한 러디즘의 창시자로 알려져 있으나, 실존 인물인지 여부에 대해서는 논란이 많다. 영국 랭커스터 근처의 앤스티(Anstey) 지방에 살던 러드라는 직물 공장 노동자가 동료와의 다툼 끝에 화가 나서 직조 기계를 부쉈다는 이야기가 전해지는데, 그 일화가 러다이트 운동에 차용되었을 가능성이 높다. 러드라는 이름은 현대 반문명과 반기계화의 상징으로 곧잘 인용된다.

동자가 되었고 생활 수준은 오히려 떨어졌다. 이때 도시에서 상업이나 전문직에 종사하던 사람들은 새로 정치적·경제적 힘을 갖게 되었는데 이들이 바로 부르주아지^{bourgeoisie}다. 부르주아지는 기술을 열등한 것으로 보지 않았고, 과학적 이론을 기술적으로 활용하는 데 전혀 거부감이 없었다. 이들이 공장을 통한 대량생산과 이에 따른 시장의 확대를 주도하면서 본격적인 자본주의가 시작되었고, 여러 가지 변화를 겪기는 했지만 지금까지 그 흐름을 이어가고 있다. 요컨대, 오늘날 우리가 살고 있는 사회의 전형은 바로 산업혁명 시기에 결정되었다.

현대 기술의 약속

산업혁명기의 사회는 매우 혼란했다. 그러나 이 격변의 시기는 여러 지식인들을 들뜨게 하기에 충분했다. 산업혁명 시기에는 기계와 기술이 계속해서 발달하기도 했지만 새로 나오는 기술 역시 상당했다. 우리가 알고 있는 현대의 대표적인 기술들, 즉 자동차, 기차, 비행기 등 수송 기술과 전기, 석탄 등 에너지 기술, 그리고 전신 및 전화와 같은 통신 기술 등이 모두 산업혁명 시기에 개발되었다. 이처럼 발명이 계속되고 기계들이 점점 더 실용적으로 되어가면서 도시와 산업이 급속도로 발전했고, 이러한

변화는 인류의 미래가 지금과는 전혀 다른 모습을 띠게 될 것이라는 확신을 심어주었다. 과거에는 죽어서만 갈 수 있다고 믿었던 천국을 땅 위에 건설할 수 있을 거라는 기대감이 확산되었고, 모든 병을 고칠 수 있는 의학적 지식과 모든 육체적 고통을 대신해줄 기계들이 곧 나올 것이라고 믿었다.

마르크스는 이러한 기술 낙관론의 대표 주자였다. 그는 산업혁명 당시의 노동 상황을 강력하게 비판하면서 혁명의 필요성을 역설했지만, 그가 문제를 삼은 것은 기계나 공장이 아니라 그것들을 소유하고 있는 자본가들이었다. 마르크스는 노동을 통해 생산하는 것은 노동자인데 기술과 기계, 공장 등 생산수단은 자본가가 소유하기 때문에 노동의 소외가 일어난다고 보았다. 따라서 혁명을 통해 과학기술 발전의 열매를 독식하고 있는 자본가들을 몰아내고 노동자가 직접 생산수단을 관리하게 되면 기술이 제공하는 여러 가지 혜택을 모두가 골고루 누릴 수 있을 것이라고 믿었다. 그러나 기술이 가져올 혜택에 대한 기대에 있어서는 마르크스도 자본주의자들과 별반 다를 바가 없었다. 마르크스의 이상 세계에서도 인간은 더 이상 힘든 노동에 종사하지 않아도 된다. 모든 힘든 일은 기계가 대신 할 것이기 때문이다.

오늘날에도 기술에 대한 낙관론은 약간 다른 형태이긴 하지만 계속 이어지고 있다. 현대인들도 막연하나마 미래의 기술들이 현재 우리가 겪는 어려움과 한계들을 극복할 것이라고 믿는다. 물론 모든 사람들이 우주로 휴가를 즐기러 가거나 세상에 있는 병들이 아예 사라질 것이라고 믿는 것은 아니다. 그러나 세상이 점점 좋아진다는 건 사실이 아닐까? 물건들은 점점 좋아지면서도 점점 싸질 것이고, 마침내 세상은 완벽해질 것이다. 아프지 않고 힘들지 않다면, 또 먹을 것과 누릴 것이 충분히 공급된다면 싸울 필요가 없어질 테니 전쟁도 그치지 않겠는가?

100년 전과 오늘, 그리고 미래

현대 기술이 제시하는 미래에 대한 약속들은 현재 지구상의 곳곳에서 일어나고 있는 비극적인 상황을 모른 척 덮어버리는 경향이 있다. 농업 기술은 엄청나게 발달했지만 아직 굶어 죽는 사람들이 부지기수고 장기 이식, 성형수술 등 의약 기술도 최첨단을 달리고 있지만 어떤 지역에선 아직도 기본적인 소독약이나 페니실린을 구하는 것조차 하늘의 별 따기만큼 힘들다. 그런데도 기술의 발전은 언젠가 이런 문제까지 다 해결될 것이라는 막연한 기대를 가지도록 도와준다.

그렇다고 현대 기술의 약속이 거짓이고 속임수라고 몰아붙일 수는 없다. 산업혁명 후 현대 기술은, 적어도 일부 인간들의 삶을 통째로 변화시켰기 때문이다. 18세기 중엽부터 시작된 산업혁명이 전 유럽과 미국으로 퍼지며 본격적으로 전개된 것은 겨우 100년이 좀 넘었을 뿐이지만, 그동안 인간이 이룩한 과학기술의 발전은 상상을 초월할 정도다.

앞으로 이 책에서 전개될 여러 사람들의 생각을 보다 잘 이해하기 위해서는, 지난 100여 년간의 기술 발전이 얼마나 대단한 것이었는지를 다시 상기할 필요가 있다. 1903년 12월, 자전거를 만들어 팔던 미국의 라이트 형제가 제작한 최초의 비행기가 12초 동안 36m를 비행한 뒤 부서졌다. 그로부터 66년 후인 1969년, 인간은 달에 발을 디뎠다. 1876년 알렉산더 벨$^{\text{Alexander Bell,}}$ $^{1847\sim1922}$은 처음 전화통화를 했는데, 전화를 받은 조수는 같은 건물 2층에 있었고, 통화 내용은 "왓슨 군, 이리 와주게"$^{\text{Mr. Watson, come}}$ $^{\text{here. I want you}}$가 전부였다. 오늘날 우리나라에서는 어린아이를 제외한 대부분의 국민들이 휴대전화를 가지고 다니고, 그 전화로 텔레비전까지 시청이 가능하다. 사진기가 발명된 건 1800년대 초반이었고 뤼미에르 형제$^{\text{Auguste et Louis Lumière}}$가 만든 3분짜리 영화 〈기차의 도착$^{\text{L'Arrivée d'un train en gare de la Ciotat}}$〉은 1895년에 극장에서 최초로 유료로 상영되었다. 오늘날은 2시간 30분짜리 영화와 각종 동영상이 무선 인터넷을 통해 허공을 지나 내 컴퓨터로 들어온다.

100년 전의 과학자들에게 오늘날 우리가 경험하고 있는 일들을 말한다면 그들은 우리가 미쳤다고 할 것이다. 그러나 지난 100년 동안 세계를 뒤흔든 소용돌이의 한 중심에 과학기술이 있었고, 지금도 모든 국가들이 과학기술 발전을 위해 총력을 기울이고 있다. 과거에는 필요하긴 해도 중요하지는 않은 것으로 여겨지던 과학기술이 이제 필요의 여부를 물을 수 없을 만큼 중요

1903년 라이트 형제가 제작한 최초의 비행기.

한 인간 활동으로 취급된다. 과학기술이 역사의 중심이 되었다고 하면 너무 과한 말일까? 앞으로 100년 후 우리는 어떤 모습으로 살아가고 있을까? 인류의 역사는 어떤 식으로 진행되고 있을까? 인류가 그때까지 남아 있기는 할까? 우리의 미래는 누가 어떻게 결정하는가?

벨이 전화를 발명한 후 최초로 통화를 하는 모습.

과학기술이 이렇게 중요해지면서, 과학기술에 대한 인문학적 관심이 늘어난 것은 당연한 일이다. 지난 수천 년의 역사에서 과학과 기술에는 별다른 관심을 보이지 않던 철학에서도 20세기 초부터 과학철학이 유행하기 시작했다. 과학사회학, 기술사회학, 기술철학, 과학기술 정책학 등 여러 가지 유관 분야도 새로 생겨났다. 이들은 과학자나 공학자가 하는 연구를 하는 것은 아니라, 그러한 연구들이 인간의 삶에 어떤 영향을 미치고 어떤 의미를 가지는지 분석하고 있다. 과학기술의 역사, 본성, 특징 등을 파악할 뿐 아니라 이를 바탕으로 앞으로 과학기술의 발전을 어떻게 이끌어갈 것인지를 고민하는 것도 이들 분야가 담당해야 할 중요한 역할이다.

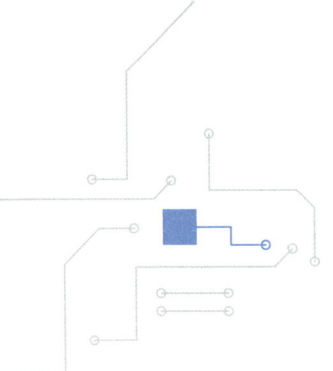

만남 2

악몽과 길몽

모든 일에 낙관적인 사람들이 있는가 하면 항상 좀 삐딱하게 바라보는 사람들이 있다. 산업혁명 이후 비약적으로 발전해온 기술과 관련해서도 마찬가지였다. 현대 기술의 약속은 화려했지만, 너무 비현실적이라며 그걸 믿을 수 있는지를 의심하는 사람들이 있었다. 《프랑켄슈타인》을 비롯한 1800년대의 여러 소설에서 요즘 나오는 음산한 미래 영화들에 이르기까지 기술에 대한 경계심은 현대 기술이 발전할수록 더욱 커졌다.

현대 기술은 모든 인류의 행복을 기약하는 새로운 기회인가 아니면 재앙의 시작인가? 우리는 악몽이 현실화되는 것을 목도하고 있는 것인가, 아니면 길몽의 실현을 기다리고 있는가? 이 장에서는 현대 기술에 대한 상반된 입장을 제시하되, 각각의 입장을 옹호하는 데 사용된 구체적인 기술들의 예를 검토한다. 비슷한 종류의 기술들에 대해 부정적으로 바라보는 시각과 긍정적으로 바라보는 시각을 대비해서 살펴보도록 하자.

■ 《프랑켄슈타인》 vs. 생각하는 로봇

1818년에 메리 셸리^{Mary W. Shelley, 1797~1851}가 쓴 《프랑켄슈타인, 근대의 프로메테우스^{Frankenstein, The Modern Prometheus}》는 지금까지도 널리 읽히는 유명한 소설이지만 어린이용으로 만든 문고판이나 여러 번 만들어진 영화는 원작에 충실하지 않기 때문에 실제 소설의 내용을 제대로 알고 있는 사람들은 드물다. 하지만 과학기술에 대한 철학적 내용을 담고 있다는 점에서 그 줄거리를 짚고 넘어갈 필요가 있다.

영화에서는 인조인간이 책을 읽었다든지 프랑켄슈타인과 대화를 나누었다는 내용 등은 생략된다. 그러나 인조인간이 말을 배우고 책을 읽어 자신의 입장을 설명할 수 있다는 것은 상당히 의미심장하다.

거의 200년 전에 쓰여진 이 소설은 놀랍게도 오늘날 기술 사회의 현실을 상당 부분 반영하는 것 같다. 자신의 능력을 발휘해 인조인간을 만들어놓고 도망가버린 프랑켄슈타

:: 셸리
19세기 영국의 소설가. 유명한 페미니스트 메리 울스턴크래프트(Mary Wollstonecraft, 1759~1797)와 아나키즘의 선구자 윌리엄 고드윈(William Godwin, 1756~1836) 사이에서 태어났다. 또한 낭만주의를 대표하는 시인 퍼시 셸리(Percy Shelley, 1792~1822)의 부인이기도 하다. 셸리의 대표작 《프랑켄슈타인》은 오비디우스Ovidius의 프로메테우스 전설과 밀턴의 《실낙원(Paradise Lost)》 (1667), 그리고 어머니 울스턴크래프트의 《여성의 권리 옹호(Vindication of the Rights of Woman)》(1792) 등에 영향을 받아 자신의 독특한 인간관과 세계관을 전개한 걸작이다.

인처럼, 사람들은 자신들이 만들어놓은 기술의 결과를 감당하지 못한다. 핵폭탄을 만들어놓고는 어쩔 줄 몰라 하고, 실컷 자동차를 만들어놓고는 '자동차 안 타기' 캠페인을 벌인다. (2006년 서울시의 승용차 요일제의 홍보 카피는 "자동차가 쉬어야 서울이 숨을 쉽니다!"였다.) 하지만 걱정한다고, 때늦은 대책을 마련한다고 문제가 해결될까? 언젠가 핵폭탄이 터지고, 자동차 매연에 서울이 질식해 죽어버리진 않을까?

《프랑켄슈타인》

실력 있는 의사 프랑켄슈타인은 과학의 열정에 사로잡혀, 죽은 지 얼마 안 된 시체의 여러 부분을 끌어 모아 새로운 인간을 만든다. 그러나 자신의 피조물에 생명까지 불어넣는 데 성공하자, 자신이 저지른 일에 공포를 느끼고 그만 도망가버린다. 인조인간은 살아남기 위해 실험실을 떠나 숲으로 가고 그곳의 작은 별장에 사는 가족들의 대화를 엿들으며 말을 배운다. 우연히 책 더미를 발견한 그는 혼자 글을 익혀 《젊은 베르테르의 슬픔(Die Leiden des jungen Werthers)》(1774)과 플루타르코스Plutarchos의 《영웅전(Bioi Paralleloi)》 같은 고전들을 독파하지만, 흉측한 몰골 때문에 인간 사회에 편입하지 못한다. 그러다 우연히 자신을 만든 의사 프랑켄슈타인을 만난 인조인간은 인간 사회에 들어가기는 어려우니 자신을 위해 여자를 만들어달라고 요구한다(이 부분에서 창조자의 책임에 대한 프랑켄슈타인과 인조인간의 기나긴 대화가 나온다). 자신의 책임을 깨달은 프랑켄슈타인은 여자를 만들기 시작하지만, 만약 이들이 번식하면 인조인간 종족이 세상에 퍼질 것을 두려워한 나머지 중간에 완성되지 않은 여자 인조인간을 산산조각 내어버린다. 피조물은 프랑켄슈타인에게 "당신은 나의 창조자지만, 나는 당신의 주인이다"라고 말한 뒤, 후에 프랑켄슈타인의 결혼 첫날밤에 나타나 그의 신부를 죽인다. 프랑켄슈타인은 자신의 피조물을 죽이러 길을 떠나지만 병으로 죽고, 다시 나타난 인조인간도 자살을 결심하며 어디론가 떠난다.

21세기 현대 과학기술이 추구하는 인조인간은 고전을 읽고 자신의 입장을 설명하는 19세기의 인조인간과는 좀 다르다. 현대에는 로봇 개발을 연구하면서 시체를 이어 붙여 몸을 만들지도 않고 로봇에 생명을 불어넣으려 노력을 하지도 않는다. 《젊은 베르테르의 슬픔》을 읽고 깨달음을 얻는 로봇을 어디다 쓸 것인가? 현대 기술의 꿈을 실현할 로봇은 인간이 하기 힘든 일, 귀찮은 일을 대신 해주는 존재들이다. 이미 공장의 자동화로 노동 인력의 필요가 훨씬 줄어들었고, 전쟁터에서도 위험한 곳에는 로봇이 탐색을 하러 나간다. 한편에서는 인간과 비슷하게 생긴 로봇을 만들려는 노력도 지속되고 있는데, 최근에는 걷고 달리는 로봇도 개발했다고 한다. 하지만 프랑켄슈타인처럼 인조인간이 아기를 낳을까 봐 걱정할 필요는 없다.

말을 알아듣고 학습이 가능한 로봇을 만들기 위한 노력으로는 인공지능에 대해 연구하는 분야가 있다. 이런 연구는 그것을 통해 인간의 뇌가 작동하는 방법을 파악하려는 노력의 일환이기도 하지만, 인간의 필요에 따라 기능을 수행하는 최소한의 지능을 갖추는 것이 그 일차적 목표다. 어렵고 힘들고 귀찮은 일들을 모두 로봇이 담당하게 된다면 삶은 얼마나 편리해질까? 더 이상 청소와 다림질을 하지 않아도 되고, 아무리 심부름을 시켜도 불평하지도 지치지도 않는 비서 로봇이 내 시중을 들어줄 날이 멀지 않았다.

《1984》 vs. 유비쿼터스

조지 오웰 George Orwell, 1903~1950 이 1949년에 쓴 《1984 Nineteen Eighty-Four》라는 소설을 보면 집집마다 설치된 커다란 스크린이 텔레비전과 감시 카메라의 역할을 동시에 하면서 세상을 통제한다. 보이지 않는 빅브라더 Big Brother 가 모든 사람의 일거수일투족을 감시하고, 규정에 따르지 않는 사람에게는 즉각 처벌이 내려진다. 물론 오웰의 예언은 현실이 되지 않았지만, 오늘날 우리 삶의 한 단면을 반영하고 있다.

2006년 4월 한 방송사에서는 서울 시민이 하루 동안 140회나 방범용 감시 카메라에 노출된다는 보도가 나왔다. 회사에서 사원들이 각자의 컴퓨터로 무엇을 하고 있는지 감시하는 소프트웨어를 깔아둔 경우도 있다. 스팸메일을 통해 개인 컴퓨터에 깔리는 스파이웨어나, 웹페이지를 방문하면 자동으로 깔리는 쿠키 파일도 컴퓨터 사용자의 인터넷 사용 정보를 외부로 유출시킨다. 오웰의 우려와는 달리 1984년엔 그런대로 괜찮았던 이 세상, 하지만 2084년엔 어떨까?

21세기 IT 강국 대한민국의 화두는 '유비쿼터스 ubiquitous'다. 유비쿼터스란 말은 라틴어로 '편재하다'는 뜻인데, 개인용 컴퓨터, 휴대전화, 텔레비전, 게임기, 자동차 내비게이

::오웰
영국 출신 작가이자 저널리스트로 본명은 에릭 아서 블레어(Eric Arthur Blair)다. 오웰은 정치·문화적 전체주의에 반대해 자본주의와 공산주의를 모두 비판했으며, 이런 자신의 입장을 바탕으로 《동물농장(Animal Farm)》과 《1984》를 집필했다. 오웰은 또한 20세기 영어 문화권에서 가장 뛰어난 수필가로 추앙받기도 한다.

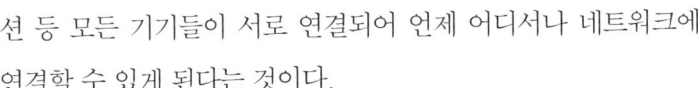

션 등 모든 기기들이 서로 연결되어 언제 어디서나 네트워크에 연결할 수 있게 된다는 것이다.

최근 여러 대학에서 유비쿼터스 환경을 조성하고 있다. 학생들은 자신의 휴대전화를 통해 학교에서 제공하는 각종 서비스 혜택을 누릴 수 있고 도서관 자리 예약이나 도서 대출 예약을 할 수 있다. 학교 곳곳에 설치된 기계나 컴퓨터를 이용해 성적 증명서 같은 문서들을 발급받거나 인터넷 검색을 할 수 있다.

유비쿼터스 환경의 예로 자주 사용되는 것 중 하나는 미래의 생필품 구입 시스템이다. 냉장고에 들어 있는 음식물의 유통기한이 끝나면 냉장고에 내장된 센서가 이를 알려준다. 퇴근길 자동차 안에서 이 메시지를 확인한 사람은 곧바로 슈퍼에 해당 제품을 주문하고 집에 가는 길에 찾아간다. 슈퍼에서는 매장의 제품들이 품절되기 전에 센서와 컴퓨터가 자동으로 해당 도매상에 연락을 취한다.

또 다른 예로는 병원을 들 수 있다. 환자가 입원하면 그 사람의 모든 의료 파일이 자동으로 의사의 전자차트에 입력되고, 입원해서도 매 순간의 상태나 진행 중인 치료 내용을 의사가 언제든지 즉각 확인할 수 있다. 위급한 경우에도 삐삐를 치거나 찾으러 갈 필요가 없다. 이미 의사가 들고 다니는 전자차트에 연락이 가기 때문이다.

이런 세상은 많은 사람들이 꿈꾸는 우리 사회의 미래다. 유비쿼터스 환경을 만들기 위해서는 해당 지역 전체를 네트워크화해야 하고, 모든 관련 기기들이 서로 쉽게 연결될 수 있어야 한다. 나아가 정확한 정보가 필요한 사람에게만 전달되게 하는 안전한 시스템을 개발해야 한다. 세계의 선진 국가들과 대규모 회사들은 이에 필요한 다양한 기술과 장비들을 개발하는 데 온 힘을 쏟고 있다. 이미 초고속 인터넷 환경을 세계 최고 수준으로 확립해놓은 우리나라에서도 유비쿼터스와 관련한 여러 가지 연구들에 많은 투자를 하고 있다. 기술적인 부분뿐만 아니라 사회적·경제적인 측면에서도 유비쿼터스가 가져올 변화는 엄청난 것이라고 한다.

오웰이 만약 이런 가능성에 대한 설명을 들었더라면 그는 무엇이라고 했을까? 빅브라더처럼 사람을 억압하는 시스템이 아니라, 모든 사람들이 자신이 원하는 바를 보다 편리하게 향유할 수 있다는 사실에 감동받았을까? 아니면 모든 사람들을 네트워크상에 묶어두고 감시가 언제나 가능해졌다고 하면서 자신의 예언이 맞아떨어졌다고 주장할까? 보는 관점에 따라서 유비쿼터스라는 꿈에 대한 해석은 전혀 달라질 수 있다. 누군가에겐 길몽이지만, 또 다른 누구에겐 악몽이다.

■ 체르노빌 vs. 수소 에너지

1945년 히로시마와 나가사키에 떨어진 원자폭탄은 인류가 사용한 가장 끔찍한 무기였다. 그러나 이때 방출된 방사능보다 100배나 많은 양이 1986년 우크라이나(당시 옛 소련 소속)의 체르노빌(Chernobyl)에서 핵발전소가 폭발하면서 방출되었다. 설계상의 문제와 조작 미숙 때문에 안전점검을 하다가 터져버린 그 순간 방출된 방사능은 바람을 타고 유럽 전 지역과 심지어 한국, 일본까지 날아왔다. 발전소 주변은 황폐화되었으며, 당시 현장을 수습했던 사람들은 지금까지도 그 후유증에 시달리고 있다. 방사능에 노출된 사람들은 자신뿐 아니라 후에 태어날 자식까지 암과 기형 등 각종 질병으로 죽어갈 가능성이 높다. 발전소 전체를 거대한 콘크리트 관으로 완전히 씌워버렸지만 20여 년이 지난 지금 그 관에도 금이 가기 시작했다고 한다. 아직까지도 체르노빌은 우크라이나와 주변국 사람들의 골칫거리다.

폭발 사건으로 방사능이 유출되었던 체르노빌의 핵발전소.

  핵발전을 잘해도 문제다. 핵폐기물이 남기 때문이다. 미국에서는 20여 년의 논란 끝에 최근 고준위 핵폐기물(우리나라에서는 '사용 후 핵연료'라고 한다)을 묻을 처리장을 짓기로 결정했다. 사막 지형인 네바다의 유카산 지역에 묻게 되는데, 아직까지 네바다의 주민들은 반대 운동을 계속하고 있다. 처리장이 완공되더라도 위험한 핵폐기물을 처리장으로 어떻게 옮길 것인가 하는 문제가 남는다. 이동 중에 사고가 나거나 테러리스트의 공격을 받으면 주변의 사람들에게 엄청난 피해를 줄 수 있기 때문이다. 물론 지금은 핵발전소 옆에 임시로 보관하는데, 이 역시 100% 안전하지는 않다. 우리나라에서는 2005년 경주시에 중·저준위 핵폐기물 처리장을 만들기로 결정했지만 아직 방사능을 가장 많이 방출하는 고준위 핵폐기물, 즉 사용 후 핵연료를 처리할 시설은 만들지 못했다.

오스트리아의 츠벤텐도르프^{Zwentendorf} 발전소는 체르노빌 사건이 나기 전인 1978년에 완공되었다. 그러나 가동을 시작하기도 전에 당시 일어나기 시작한 핵발전과 핵폐기물의 위험에 대한 우려로 국민의 강력한 반대에 부딪혔다. 급기야 이 핵발전소를 가동할 것인지에 대한 논란은 국민투표로 이어지게 되었고, 50.5%의 반대로 가동이 부결되었다. 그 발전소는 지금까지 그 자리에 서 있다. 완공된 이 발전소를 방사능 유출 없이 철거하기

핵폐기물이란?

핵폐기물에는 방사능 방출의 정도에 따라 고준위와 중·저준위 핵폐기물로 나뉜다. 고준위 핵폐기물은 주로 핵분열을 끝낸 우라늄을 말한다. 핵발전소에서 핵원료인 우라늄을 연소시켜 에너지를 얻는다. 이때 방사성 원소인 우라늄 핵이 분열하면서 물질을 투과할 수 있는 방사선을 발산하는데, 여기에 과다하게 노출이 되면 유전자 변이 등이 일어나 매우 위험하다. 얼마 후(1년~3년) 핵원료는 더 이상 핵분열을 하지 않게 되고 이렇게 된 핵원료를 '고준위 핵폐기물' 혹은 '사용 후 핵연료'라고 부른다. 사용 후 핵원료라고 부르는 이유는 이 물질을 재처리하면 다시 핵발전을 할 수 있는 물질(플루토늄)을 얻어낼 수 있기 때문이다. 문제는 플루토늄이 핵무기를 만드는 데에도 사용된다는 것이다. 이 때문에 우리나라에서는 재처리를 하지 못하고 있는 실정이다. 고준위 핵폐기물(또는 사용 후 핵연료)은 수년 동안 물에 넣어 식힌 후에 특수 용기에 넣어 보관한다. 미국에서는 재처리를 포기하고 네바다에 깊이 묻을 준비를 하고 있다. 이 물질들이 안전해질 때까지는 수천 년에서 수십만 년이 걸린다고 한다. 중·저준위 핵폐기물은 핵발전소에서 사용되는 폐필터, 폐윤활유 등과 작업복 등으로 이 역시 방사능에 노출되어 몇백 년 동안 외부와 접촉할 수 없도록 보관해야 한다. 2003년 현재 한국에는 65,000드럼(각 200리터)의 중·저준위 핵폐기물과 61,563톤의 고준위 핵폐기물이 있다.

위해서는 엄청난 비용이 들기 때문이다.

2006년 현재 전 세계에 440여 개의 핵발전소가 있고 중국을 비롯한 여러 나라들이 새로운 발전소를 건립 중이다. 그런데 핵발전소도 수명이 있다. 수명이 다 된 핵발전소들은 어떻게 할 것인가? 그냥 마구 뜯어낼 수는 없다. 핵발전소를 이루는 콘크리트 조각, 철근 조각 하나하나가 다 핵폐기물인 셈이기 때문이다.

핵사고의 위험은 실제적인 위험이다. 수백 개의 핵발전소 외에도 세계에는 지구를 몇 번 날려버리고도 남을 만큼의 핵탄두가 있고, 테러리스트들은 핵폐기물 수송열차 공격 계획을 세울지도 모른다. 그러나 체르노빌이 잊혀지기 시작하고 석유 값이 올라가면서 중국과 같은 개발도상국을 중심으로 핵발전소의 인기는 다시 높아지고 있다.

기술이 점점 발전하고 있는 마당에 핵발전에 대한 두려움은 과장된 것인지도 모른다. 그러나 누구라도 체르노빌 사태를 잊어서는 안 된다. 이런 가운데 최근 새로 각광을 받는 에너지가 있으니 바로 수소 에너지다. 수소 에너지는 수소가 다른 원소와 합성하면서 생겨나는 에너지를 말한다. 물에 전기 자극을 주면 물 분자가 수소와 산소로 나뉘게 되는데, 거꾸로 수소와 산소를 합쳐주면 물이 되면서 에너지가 생긴다. 에너지가 생긴 뒤에 남는 부산물이 물이니까 청정 에너지라고 할 수 있다.

문제는 수소가 자연에 그냥 존재하는 것이 아니라 다른 원소와 결합한 상태로 있으므로 수소를 분리해야 하는데 이때 에너지가 필요하다는 점이다(수소를 얻어내기 위해 소비되는 에너지량은 수소

::: **리프킨**
미국의 미래학자이며 경제조류재단(Foundation on Economic Trends, FOET)의 설립자이자 회장이다. 그의 사회적·경제적 전망은 미국 내외의 정책 수립에 큰 영향을 미쳤다. 다수의 의회 증언을 통해 환경이나 과학적 이슈에 대해 자신의 영향력을 확대해왔고, 1994년부터는 와튼 스쿨의 관리 교육 프로그램에 교수로 참가, 전 세계의 CEO를 상대로 과학기술 변화를 통한 새로운 미래 사회를 주제로 강연을 계속하고 있다. 저서로 《엔트로피(Entropy: A New World View)》(1980), 《소유의 종말(The Age of Access)》(2000), 《노동의 종말(The End of Work)》(1995), 《수소혁명(The Hydrogen Economy)》(2002) 등이 있다.

의 합성을 통해 얻을 수 있는 에너지량보다 많다). 따라서 수소에너지는 언제나 다른 에너지의 사용을 전제로 한다. 기존 발전 시스템에서 남는 에너지로 태양열, 풍력 등을 이용해 발전한 전기로 물을 분해하는 등의 방법을 생각할 수 있으나, 결국 화석연료를 대체할 수 있는 궁극적인 해결책은 아니다. 이런 의미에서 최근의 수소 에너지 열풍은 약간 과장되어 있다. 하지만 여전히 수소 에너지의 장점을 믿는 사람들은 많다. 미래학자 제러미 리프킨[Jeremy Rifkin, 1945~]은 수소는 석유처럼 일정 지역에서만 구할 수 있는 에너지원이 아니기 때문에 에너지 공급이 보다 평등해져 민주주의가 더욱 발전할 수 있다고 주장한다. 또 그는 수소가 청정 에너지이기 때문에 앞으로는 환경오염의 걱정 없이 에너지를 마음껏 활용할 수 있는 꿈같은 세상이 도래할 것이라고 본다.

<가타카> vs. 줄기세포

나름대로 갖출 건 다 갖추었는데 흥행에서는 실패한 영화 중에 〈가타카Gattaca〉(1997)라는 영화가 있다. 영화의 배경인 '그리 멀지 않은 미래'의 나라에서는 대부분의 아기들이 인공수정과 유전자 조작을 거쳐 태어나고, 모든 평가가 DNA 검사로 이루어진다. 유전자 조작을 통해 부모들은 자신이 가진 형질들 중 가장 우수한 형질만을 자녀에게 물려줄 수 있기 때문에 자연적인 방법으로 임신이 되어 태어난 아이들은 사회적으로 버림받는 존재가 된다. 태어나자마자 혈액을 검사하여 예상 수명이 몇 년인지, 어떤 질병에 걸릴 가능성이 있는지, 또 어떤 성격을 가지게 될지를 예상할 수 있어서, 사람들은 자신의 운명이 DNA로 결정된다고 생각한다. 부모의 잘못된(?) 판단 때문에 자연임신을 통해 태어난 주인공 빈센트는 우주 여행을 꿈꾸지만, 유전자 조작을 거치지 않은 사람들을 차별하는 그 사회에서 우주 탐사 회사인 가타카에 입사하는 것은 불가능하다. 결국 빈센트는 우성 유전자를 가졌으나 불의의 사고로 휠체어 신세를 지고 있는 제롬과 비밀 계약을 맺고 제롬의 머리카락, 오줌, 피, 수염, 심지어 죽은 피부(때!)까지 모아서 DNA 검사 과정을 속이고 가타카에 입사한다.

결국 빈센트는 제롬의 이름으로 우

:: 염색체 지도

염색체상의 유전자 위치를 표시한 그림으로, 어떤 유전자가 어떤 기능을 담당하는지 살펴볼 수 있는 척도로 사용된다. 초파리·금어초·쥐·토끼 등 생물체나 대장균·효모균 등의 미생물의 염색체 지도가 만들어져 있다. 1990년 '인간 게놈 프로젝트' 팀이 국제적으로 조직되어 인간의 염색체 지도를 그려나가기 시작했는데, 2000년 1차 발표에 이어 2006년 거의 대부분의 염색체 지도를 완성했다고 선언했다.

주 여행을 떠나고 영화는 끝나지만, 돌아와선 어떻게 되었을까? 그는 평생 남을 속이며 제롬으로 살아갈 수 있었을까?

이 영화는 인종차별주의^{racism}, 성차별주의^{sexism}의 뒤를 이어 유전자 차별주의^{genoism}가 판치는 세상이 올 거라고 담담하게 예상한다. 전혀 불가능한 일일까? 그렇지 않다. 이미 인공수정도 가능하고, 유전자 조작도 전혀 불가능한 것이 아니다. 아직은 적극적으로 인간의 유전자를 조작한 예는 없지만, 2003년 영국에서 '맞춤형 동생'이 태어난 적은 있다. 유전적 질병을 가진 아들을 치료하기 위해, 한 부부가 인공수정을 통해 여러 개의 수정란을 만든 후, 그중에서 형의 유전 질병을 고칠 수 있는 줄기세포를 제공할 수 있을 것으로 보이는 수정란을 자궁에 착상해 임신에 성공했다. 그렇게 태어난 동생의 척수를 이식해서 형의 병을 고칠 수 있다는 것이다. 2000년 인간 염색체 지도$^{chromosome\ map}$가 일부분 완성된 데 이어 2006년엔 거의 대부분의 염색체 지도가 완성되어 이제 염색체의 각 부분이 어떤 역할을 담당하는지 규명하는 작업이 남았다. 이 작업이 완성되고 나면 유전자 조작이나 더 나은 수정란의 선택에 대한 유혹은 더욱 커질 것이다. 얼짱 바보 남편이 얼짱 천재 부인을 만났을 때 약간의 비용만 더 들여 얼짱 천재 아기를 낳을 확률을 100퍼센트 보장받을 수 있다면 당신은 어쩌겠는가? 멀지 않은 미래다.

 2005년과 2006년을 뜨겁게 달구었던 황우석 전 서울대 교수의 논문 조작 사건은 온 국민을 실망의 도가니로 몰아넣었다. 결국 황우석 전 교수가 수립했다고 주장했던 배아 복제 줄기세포는 없었던 것으로 결말이 났지만, 그렇다고 해서 줄기세포 연구 자체가 무위로 돌아간 것은 아니다. 다시 누군가에 의해 비슷한 연구가 진행될 수도 있고, 성체 줄기세포의 연구는 이미 상당히 진전되어 임상실험 단계에 와 있는 경우도 있다.

 줄기세포 연구가 그렇게 많은 사람들의 관심을 끈 데는 여러 가지 이유가 있지만, 그중에서도 특히 중요한 것은 줄기세포를 수립하고 배양하고 조절할 수만 있으면 수많은 질병을 치유할 수 있게 된다는 점이다. 줄기세포는 뼈, 신경, 근육, 장기 등 인체의 여러 부분으로 자랄 수 있는 잠재성을 가진 만능세포다. 예를 들어 뇌신경이 손상되었을 때 줄기세포를 뿌려주면 신경이 되살아나 뇌가 정상적으로 작동할 수 있다는 것이다. 아직 현실화되지는 않았지만 이론적으로 가능하다고 판단되는 일은 엄청나게 많다. 황우석 전 교수가 척추 손상을 입은 가수 강원래를 일으키겠다고 한 것이나 그의 연구가 33조의 경제적인 가치를 창출할 것이라고 한 예상 등은 성급하고 무책임한 예측이었지만 '약간 먼 미래'에는 상당 부분 현실화될지도 모른다.

 앞서도 비슷한 이야기를 했지만, 지금으로부터 200년 전만 해도 출산을 앞둔 여성은 목숨을 버릴 각오를 해야 했고, 충치, 폐렴, 모기, 결핵, 심지어는 조그만 상처조차도 생명을 위협했다(이것이 21세기 현재의 상황인 지역도 많다). 제왕절개, 치과 기술, 말라리아 약, 페니실린, 각종 소독약의 역사는 그리 길지 않다. 아직도 정복하지 못한 암, 파킨슨병, 척수 손상과 같은 질병 등도 앞으로 200년 안에 고칠 수 있을 것이다. 이미 한국인의 평균 수명은 처음 측정이 이루어진 1926년의 33.7세에서 2006년의 77세로 늘어났다. 앞으로 200년 후에 사람들은 몇 살까지 살게 될까? 너무 오래 살면 지겨울 거란 말은 안 하는 게 좋다. 노인이 '죽고 싶다'라고 말하는 게 3대 거짓말 중 하나라 하지 않던가?

현대 기술과 관련된 악몽과 길몽은 모두 현재의 상황을 바탕으로 일어남 직한 미래를 그려낸다. 과연 우리는 어떤 꿈, 어떤 해석을 믿어야 할 것인가? 그 판단의 기준은 무엇이어야 하는가? 혹시 우리의 미래가 악몽 같을 것이란 결론을 내렸다면, 미래의 현실을 바꾸어 살 만한 세상을 만들기 위해 우리가 해야 할 일은 무엇인가? 만약 우리의 미래가 밝다면, 어떻게 그 미래를 하루라도 앞당길 것인가? 앞서도 말했지만, 우리가 미래를 알고 싶어하는 것은, 미래를 준비하고, 바꾸어보고 싶기 때문이다. 이제부터는 이러한 고민을 좀 더 학문적인 방법으로 풀어낸 두 학자, 토플러와 엘륄에 대해서 알아보도록 하자.

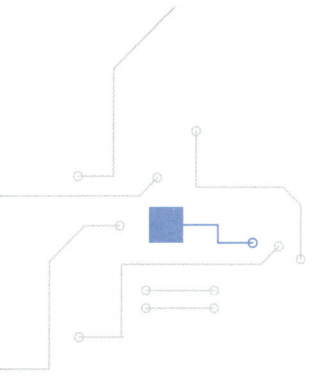

만남 3

제3의 물결 위로 서핑하라, 토플러

초대 | 만남 | 대화 | 이슈

'비관하기 좋아하는 예언자들'과 자신을 대비시키며 앨빈 토플러^{Alvin Toffler, 1928~}는 다음과 같은 말로 자신의 주저 《제3의 물결 The Third Wave》(1980)을 시작한다.

> 이 책이 보이려는 것은 세상이 미쳐버리지는 않았다는 것, 그리고 말이 안 되는 사건들이 어수선하게 일어나고 있는 이면에는 놀랍고 희망적일 수도 있는 흐름이 있다는 것이다. 이 책은 그 흐름과 그 희망에 대해 논한다. 《제3의 물결》은 아직 인간의 이야기가 끝나기는커녕 이제 막 시작했다고 생각하는 사람들을 위한 책이다.

미래학자로 국내에 잘 알려진 그는 독특한 역사 해석을 바탕으로 앞으로 다가올 세상을 예견한다. 그가 책을 쓸 때마다 거듭 강조하고 있듯이, 그는 점쟁이도 아니고 미래에 대한 예언을 하는 사람도 아니다. 그는 지금까지 세계에서 일어난 일들과 현재 일어나고 있는 일들을 유심히 관찰하고 분석해 앞으로 세계가 나아갈 방향을 가늠해볼 뿐이다. 그의 예측은 맞은 것도 있고 틀린 것도 있다. 그러나 20년도 넘게 전에 쓴 《제3의 물결》은 지금 보아도 상당한 설득력을 지니고 있는 명저다. 세계의 지도자들이 그를 만나 조언을 구하는 데는 그만한 이유가 있는 것이다.

세상을 덮치는 제3의 물결

토플러는 인류의 역사를 '물결 wave'이라는 개념을 중심으로 서술한다. 인간의 삶에 근본적인 변화를 일으킨 사건들을 물결이라 표현하는데, 이러한 비유는 큰 물결에 모든 것이 휩쓸려가는 장면을 상상하면 잘 이해가 된다. 토플러의 대표작인 《제3의 물결》을 이해하기 위해서 먼저 찾아온 두 물결에 대해 알아보도록 하자.

토플러에 따르면 인류의 역사에 일어난 최초의 큰 변화는 농업혁명이다. 여기서 농업혁명이란 인류가 수렵·채집 생활을 청산하고 한곳에 정착하면서 작물을 키우기 시작한 것을 가리킨다. 떠돌이 생활을 하던 이전과는 달리 마을과 촌락이 생겨나는 등 새로운 생활 형태가 생겨나기 시작했다. 고정된 경작지와 거주지가 생겨나면서 소유의 개념이 보다 분명해졌고, 복잡한 정치·사회적 제도가 생겨났다. 공동체나 국가의 개념도 만들어지고 공동체 간의 전쟁도 일어나기 시작했다. 농업혁명이 시작된 것은 기원전 8000년경으로 토플러는 이때 제1의 물결이 도래했다고 본다. 제1의 물결은 서기 1650년에서 1750년경까지 계속되었고, 지금도 세계의 일부 지역에서는 주류를 이루고 있다. 물론 제1의 물결조차 도래하지 않은 원시 부족사회들도 소수 존재한다.

제2의 물결은 산업혁명의 도래를 가리킨다. 앞서도 설명했지만, 18세기경 일어난 산업혁명은 이전 농경 사회의 쇠퇴를 야기했고 사람들은 이전과는 전혀 다른 생활 방식을 채택하게 된다. 자급자족 형태의 경제에서 생산자와 소비자가 분리되고, 소량생산에서 대량생산으로, 대가족 중심에서 핵가족 중심으로, 농촌 중심에서 도시 중심으로 삶의 모든 측면이 큰 변화를 겪었다. 산업화라고도 불리는 제2의 물결은 민주주의와 사회주의, 자본주의와 공산주의를 막론하고 전 세계로 퍼져 나갔다. 제2의 물결을 상징하는 것은 굴뚝 위로 검은 연기가 솟아오르는 커다란 공장이다. 석탄과 석유를 이용해 상품을 대량으로 생산하고 그것을 다시 세계 시장으로 실어 나르는 것이다. 대량생산을 위해서는 상품의 원료를 대량으로 공급해야 한다.

1900년대 중반까지 서구 열강의 손아귀에서 벗어나지 못하고 있던 식민지들은 원료의 공급지이자 상품의 판매지였고, 제2차 세계대전

독특한 역사 해석으로 미래 사회를 예견한 앨빈 토플러.

이후에 세계는 미국과 소련을 중심으로 양분되어 각기 거대한 시장을 이루었다. 두 진영은 사상적 차이에도 불구하고 동일한 산업주의의 태도를 견지했다. 공산주의자나 자본주의자 모두 자연은 개발되기만을 기다리는 존재로, 인간은 진화의 정점에 서 있는 존재로 보았고, 역사는 인간의 보다 나은 생활을 위해 진보한다고 믿었다.

지역에 따라 제2의 물결이 지금까지도 도달하지 않은 곳이 있기는 하지만, 1950~1970년대를 지나면서 서구 사회에서는 제2의 물결이 점차 쇠퇴하고 제3의 물결이 도래하기 시작했다. 제3의 물결의 핵심은 기존의 산업주의에 대한 회의와 기술의 발달이다. 앞으로 사용할 수 있는 석유와 석탄의 양이 줄어들고 있음이 밝혀지면서 제2의 물결로 대형화된 생산과 소비 시스템은 대단히 비효율적인 것으로 드러났다. 더구나 1970년대 두 차례에 걸친 오일쇼크를 통해 중동 지역을 중심으로 한 일부 산유국들의 담합을 통해서도 얼마든지 값이 오를 수 있다는 사실을 뼈저리게 느끼게 되었고, 새로운 에너지원을 찾으려는 움직임은 제2의 물결이 쇠퇴하기 시작하는 계기가 되었다.

이와 더불어 전기전자 기술 및 통신 기술, 그리고 컴퓨터의 발달은 제2의 물결을 위협하는 또 다른 요소였다. 토플러에 따르면 제2의 물결의 고전적인 산업들은 석탄, 철도, 섬유, 강철, 자동차, 고무, 공작 기계 등이었다. 제3의 물결을 이루는 산업들은 컴퓨터, 전기전자 산업, 우주 및 해양 개발 산업, 유전자 산업 등이다. 이러한 산업들은 첨단 과학기술 및 재생 가능한 새로운 에너지와 합쳐져 이전과는 전혀 다른 세상을 만들어간다. 이미

1900년대 중반부터 높은 굴뚝과 커다란 공장은 더 이상 부와 진보의 상징이 아닌 오염의 주범으로 취급되었고, 수많은 노동자들이 함께 일하는 풍경이 점점 줄어들면서 관리직 노동자의 수가 생산직 노동자 수보다 늘어나기 시작했다. 새로운 미디어가 속속 등장하고 컴퓨터를 통해 사람들이 접할 수 있는 정보의 양이 비약적으로 늘어났다. 기계의 발달과 컴퓨터 활용을 통해 똑같은 제품을 대량생산하기보다는 주문식 생산이 늘어나고 모여서 일을 해야 할 필요도 줄어들게 되었다. 이런 변화들이 합쳐져 다시 한 번 인간의 삶에 총체적인 영향을 미치는 새로운 물결을 이루게 되는데, 이것이 바로 현재 우리를 휩쓸고 있는 제3의 물결이다. 제3의 물결 시대는 지식과 정보가 권력 및 부의 원천이 된다. 이는 물리적 힘(폭력)이나 경제적 힘(돈)이 권력의 원천이

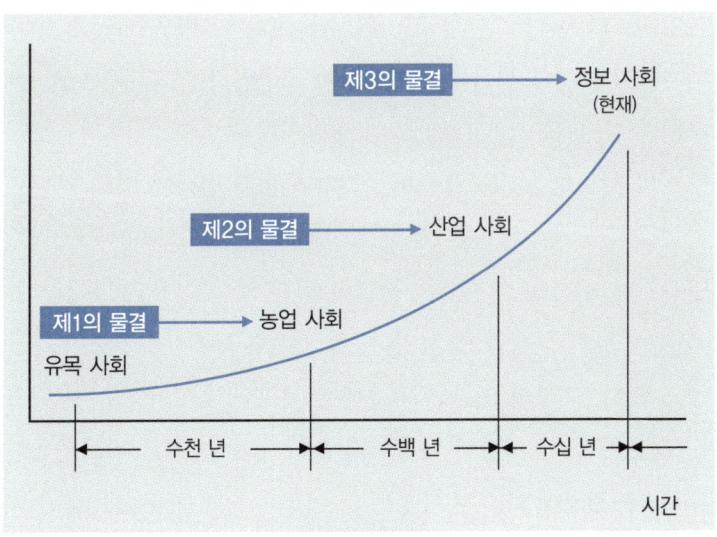

토플러의 물결들

었던 그 이전 시대와는 극명하게 비교된다.

지금 30~40대가 된 사람들은, 자신들의 중·고등학교 시절인 1980년대의 어느 해부터인가 갑자기 운동화가 삶의 중요한 일부분이 되었던 것을 기억한다. 물론 부잣집 아이들은 그전부터 좋은 신발을 신고 다녔겠지만, 이른바 운동화의 '브랜드'가 중요해지기 시작한 것이 그즈음의 일이다. 그전까지는 시장에 가서 때깔 좋은 운동화를 사 신으면 그만이었는데, 갑자기 '나이키'나 '프로스펙스'와 같은 유명 브랜드들이 소개되거나 만들어지기 시작했고, 다른 신발보다는 훨씬 더 비싼 이 신발을 사달라고 부모에게 조르거나 돈을 모으는 친구들이 생겨났다. 그때까지만 해도 특정 브랜드를 선호하는 경향이 지금처럼 두드러진 것은 아니었으나, 시장통에서 파는 운동화들까지 '나이스'니 '프로스펙트'니 하는 이름을 붙이고 나왔던 것을 기억한다. 바야흐로 이름이 중요해지기 시작한 것이다. 한국에서는 바로 이때를 즈음해 제3의 물결이 시작되었다고 보아도 무방하다.

물론 당시에는 유명 브랜드의 신발이나 옷들이 다른 제품보다 품질이 월등했을지도 모른다. 그러나 품질 경쟁에 더해 브랜드 자체를 중요시하는 분위기가 형성되고, 브랜드 때문에 가격이 올라가는 현상은 이전과는 분명히 다른 것이었다. 옛날에는 옷을 잘 만들면 경쟁할 수 있었다. 그러나 오늘날은 그것으로 충분하지 않다. 중국의 허름한 공장에서 제작된 옷이라도 어떤 회사의 상표가 붙어 시장에 나가느냐에 따라 그 가격은 천차만별일 수 있다. 시장에 나오는 의류는 더 이상 누군가의 봉제 기술만 가지고 만든 것이 아니다. 원재료와 완성품을 각 대륙을 넘나들며

옮기는 물류, 마케팅, 광고 등이 필수적인 요소로 들어가기 때문이다. 이런 변화가 공장 노동자보다도 사무직 노동자가 많아지는 것과도 연관이 있음은 물론이다.

오늘날 '명품'과 '짝퉁'을 구별하기 위한 눈물겨운 노력들은 20년 전 동네 청소년들이 부러워하던 소위 '메이커' 운동화와 연결되어 있다. 자신이 필요한 물건들을 넣을 핸드백이 명품이면 어떻고 '짝퉁'이면 어떤가? 더구나 너무 정교한 '짝퉁'이라서 웬만한 사람은 구별할 수조차 없다면 왜 몇 배나 되는 돈을 더 주고 명품을 사야 하나? 이런 물음을 묻는 이에게 토플러는 말한다.

"넌 그냥 제2의 물결에 떠내려가거라."

토플러의 물결은 인간 삶의 물질적인 변화만을 의미하는 것이 아니라, 그로 인해 파생되는 사회·문화적 변화를 모두 포괄하는 개념이다. 제3의 물결은 우리 삶의 모든 부분에 영향을 미치는 혁명적인 변화인 것이다.

▣ 인류의 역사는 물결의 충돌이다

세 물결은 모든 지역에 같은 시간에 도달하는 것도 아니고 한 물결이 다른 물결을 완전히 대치하는 것도 아니다. 세 가지 물결은 공존할 수 있고, 그에 따라 권력과 부의 관계도 서로 다른 모습으로 드러난다. 토플러는 심지어 같은 나라에 사는 개인들도 서로 다른 물결에 속해 전혀 다른 삶을 살 수 있다고 주장한다. 시공간적으로는 같은 곳에 있어도 서로 다른 세계에 사는 것이다.

방글라데시 시골에 사는 농부의 삶과, 독일 쾰른의 포드 자동차 조립 공장에서 일하는 공장 노동자의 삶, 그리고 시애틀이나 싱가포르에서 일하는 소프트웨어 제작자를 비교해보라. 더 나아가 같은 나라, 예를 들어 인도 비하르 지방의 농부와 뭄바이 지역의 공장 노동자와 방갈로르 지방의 소프트웨어 제작자를 비교해보라. 그들은 서로 다른 부의 시스템에 속해 일하고 있기 때문에, 서로 다른 세계에 살고 있다.

《부의 미래Revolutionary Wealth》(2006)

토플러에 따르면, 우리 시대에 공존하는 세 개의 큰 물결들은 서로 부딪치며 큰 충돌을 일으킨다. 그는 이 세 개의 물결들과 그 충돌로 세계 역사와 사회의 흐름을 설명한다. 농업 사회가 산업 사회로 전환하거나, 산업 사회가 정보 사회로 전화할 때는 역사적 진통이 따르게 마련이다. 토플러는 미국의 남북전쟁과 러시아의 공산혁명을 제1의 물결과 제2의 물결이 부딪치면서 일어난 전쟁이라 본다. 그는 남북전쟁이 노예제 폐지를 위한 것이었다는

:: **남북전쟁과 노예제도**

미국 남북전쟁(1861~1865)은 전쟁 전 미국의 봉건제와 노예제, 확장주의, 분파주의, 경제 문제, 그리고 근대화 등의 현안이 서로 충돌해 일어난 내전이다. 당시 미국 남부 대농장 경영자들은 노예제를 통해 노동력을 충원하고 있었지만, 미국의 노예제는 이미 수요공급에 있어 한계치에 달해 있었고, 더 확장하거나 아니면 폐지해야 할 상태로 고착화되고 있었다. 전쟁 직전 미국 남부는 농업 중심, 북부는 공업 중심으로 발전하는 가운데, 이미 그 수명을 다한 노예제는 서로 다른 경제적 정체성을 공격하는 하나의 상징으로 부각되었다.

소박한 주장에는 별 의미를 두지 않는다. 그보다는 주로 많은 노동력을 필요로 하는 농업에 종사하며 노예가 필요했던 남부가 산업을 통해 부를 축적한 북부에게 졌다는 측면에 더 초점을 맞춘다. 북부에서 필요한 것은 농장에서 일하는 노예가 아니라 공장에서 일하는 값싼 노동력이었던 것이다.

제3의 물결이 도래하면 권력이 물리력과 자본으로부터 정보로 옮겨가면서 앞의 두 물결과 충돌이 일

::권력이동

토플러의 3부작 중 완결편에 해당하는 저서. 인류 역사상 인간의 삶을 총체적으로 변화시킨 3번의 혁명에 대한 얘기를 담고 있다. 토플러의 3부작은 1970년에 나온 《미래의 충격(Future Shock)》, 1980년 발행된 《제3의 물결》, 1990년의 《권력이동》을 일컫는다.

어난다. 토플러의 《제3의 물결》이 각 물결의 특징들을 정리했다면, 《권력이동Powershift》(1990)은 제3의 물결이 일으키는 충돌에 대해서, 《부의 미래》는 제3의 물결이 가져올 새로운 미래에 대해서 자세하게 설명하고 있다.

정보 사회가 도래함에 따라 과거의 사회 구조와 생산 구조, 그리고 국가와 기업의 조직은 변화가 불가피하다. 계급적 구조, 과도한 분업과 대형화 등은 지양되고, 민주적, 다원적, 분권적인 조직 형태가 나타나기 시작한다. 컴퓨터와 자동화 기계가 발전함에 따라 종전의 소품종 대량생산보다는 다품종 소량생산이 가능해지고, 공장에서 일하는 사람보다 관리직의 수가 더 많아진다. 나아가 토플러는 1980년에 쓴 《제3의 물결》에서 관리직은 상명하복식의 구조보다 개인의 창의성을 중요시하는 방식으로 조직되고 매일 출근하지 않고 집에서 근무하는 사람들이 늘어날 것이라고 보았다. 이러한 예견은 20년 이상이 지난 오늘날 어느 정도는 실현되었다. 많은 회사들이 직급의 구분을 없애고 팀을 구성하거나 프로젝트별로 구성원을 재조직하고 있다. 재택근무를 하는 사람들이 그렇게 많아지지는 않았지만 IT 기술의 발달로 그 가능성은 훨씬 높아졌다.

이러한 변화 때문에 생기는 충돌은 우리 사회 곳곳에서 찾아볼 수 있다. 10여 년 전까지만 해도 한국 회사의 회식 문화는 회사 중심, 상급자 중심이었다. 같은 부서에서 일하는 사람들끼리 결속을 다지는 것이 회식의 의미였고 어디서 무엇을 하며 즐길 것인지는 전적으로 상급자의 기호에 의존했다. 평생 한 직장에서 일할 가능성이 많았기에, 하급자에게는 선택의 여지가 없었다. 괜히 눈에 띄어서는 회사 생활이 어려워질 것이고, 어차피 시간이 지나면 자기도 상급자가 되어 위세를 부릴 수 있었기 때문에 굳이 마다할 이유도 없었다. 그러나 제3의 물결 시대에는 이런 모습이 점차 사라지고 있다. 위계에 대한 존중은 이제 그다지 중요하지 않고, 평생 직장의 개념도 유효하지 않기 때문이다.

제3의 물결이 갖는 개인주의적 특성을 잘 보여주는 일화가 있다. 어느 부서에서 회식을 하기로 했다. 새로운 시류에 적응하기 위해 노력하는 부장은 노래방에 가서 부를 최신 가요도 준비하고 회식 메뉴도 신입사원이 정하도록 했다. 그런데 신입사원이 부장에게 오더니 "부장님, 그냥 회식비 나눠주시면 안 돼요?"라고 말했다. 신입사원 입장에서는 업무 시간 외에 회사 사람들, 특히 나이도 많은 상급자와 어울릴 이유가 없는데, 기왕 회식을 하라고 돈이 나왔으니 나눠 갖자고 한 것이다.

제3의 물결을 특징짓는 부류의 사람들을 일컬어 '생산소비자prosumer'라고 부른다. 산업화가 진전된 제2의 물결 사회에서는 생산자와 소비자가 철저히 분리된다. 자급자족의 생활을 하던 제1의 물결 시대와는 달리 모든 물건을 사서 쓰는 것이다. 심지어 요리나 세탁 같은 생활의 기본적인 부분들도 돈을 주고 남에게 맡기게 된다. 그런데 제3의 물결에서는 제1의 물결과는 좀 다른 형태이지만 한 사람이 생산도 하고 소비도 하는 경우가 늘어난다. 토플러는 생산자^{producer}와 소비자^{consumer}라는 말을 합친 생산소비자^{prosumer}라는 말을 만들어 이런 사람들을 표현한다. 대규모 조직과 대량생산이 줄어들고 재택근무가 늘어나면서 개인들은 조직에 덜 매이게 되고, 그렇게 해서 생긴 여유를 이용해 이전처럼 대량생산된 상품을 구입하기보다는 필요한 물건을 스스로 만들어서 사용하고 그것이 유행이 된다.

우리나라에서도 맥주 만들기나 가구 만들기 동호회 같은 것들이 생겨나고 있는데, 토플러의 이론에 따르면 이런 시도들은 제2의 물결에서는 생각조차 할 수 없는 일이었다. 이런 변화는 개인의 취미 생활에만 국한되지 않는다. 예를 들어 제3의 물결 시대의 핵심 요소인 정보를 다루는 영역에서 생산소비자의 역할은 두드러진다. 정보를 소비하는 것을 통해서만 정보를 생산할 수 있기 때문이다. 예를 들어 주식 전문가들은 정보를 모으고 분석해 새로운 정보를 생산한다. 이들은 제3의 물결이 만들어내는 새로운 시장에서 적극적으로 활동하는 생산소비자들이라 할 수 있다.

제3의 물결은 국가의 위상 역시 크게 변화시킨다. 정보화를 비롯한 엄청난 기술 발전을 통해 국경의 중요성이 덜해졌기 때문이다. 또 국민들은 각종 미디어의 발달을 통해 전보다 많은 정보를 가지기 때문에 정부가 과거에 가졌던 독점적인 권력도 상당 부분 국민들에게 이양된다. 이렇게 개인들은 국가의 구속으로부터 벗어났지만 정작 국가는 세계화의 흐름 속에서 다른 국가들의 영향을 더욱 심하게 받게 된다. 제3의 물결은 한편으론 다원화를 이루지만 다른 한편으로는 세계를 하나로 통합하는 경향이 있다.

제2의 물결의 기득권층은 이러한 변화에 강력히 반발할 수밖에 없다. 과거에 부동의 권력을 누리던 이들은 여전히 대규모 공장과 권위주의적인 조직을 선호한다. 그들은 회사나 국가에 대해 충성을 바치고 평생 직장이 보장되어 안정적으로 일하며, 자신이 해야 할 일과 하지 말아야 할 일이 정확하게 구분되는 그런 세상을 유지하고 싶어한다. 그러나 토플러에 따르면 이런 바람은 제3의 물결에 씻겨 내려갈 헛된 희망에 불과하다. 세상은 빠른 속도로 바뀌고 있고, 적응하지 못하는 자는 도태된다. 세상은 훨씬 더 유동적이고, 우연적인 곳으로 바뀌고 있다.

베이컨의 예언, 두 번째로 적중하다

앞에서 보듯이, 제3의 물결에서 핵심이 되는 요소는 컴퓨터의 발달을 중심으로 한 정보화다. 토플러는 컴퓨터가 일반에 처음 소개되기 시작한 1980년대 초반에 이미 정보화를 미래 사회의 핵심으로 보는 선견지명을 발휘했다. 그에 따르면, 과거에는 군사를 많이 거느린 국가나 돈을 많이 가진 기업이 권력을 행사할 수 있었는데, 컴퓨터 기술을 앞세운 제3의 물결에서는 정보가 이 모든 것을 지배하게 된다.

정보의 지배는 두 가지 면으로 나누어 생각할 수 있다. 하나는 물질이 아닌 기호(記號, symbol)가 중요해졌다는 것이다. 이제 군사력은 군인의 수가 아니라 최첨단 무기의 보유 여부에 달려 있다. 그런데 이 최첨단 무기를 궁극적으로 제어하는 것은 컴퓨터 프로그램이다. 이제 로켓을 발사하는 병사는 발사대를 고정시키고 포탄을 장전하고 각도를 조절한 후 귀를 막고 불을 붙이는 옛날의 포병과는 다르다. 그가 하는 일은 방 안에 앉아 정확한 정보를 컴퓨터에 입력하는 것이다. 이제 사람은 기호를 통해 기계를 움직인다. 물리적인 일들이 기호로 번역되어 컴퓨터에 입력되는 정보에 의해 큰 배가 움직이고 비행기가 날아간다.

또 다른 예로 현대의 돈이 어떻게 사용되는지 생각해보자. 이제 돈은 과거의 금화와 은화처럼 실물과 직접 연결되어 있는 것이 아니라, 많은 경우 0과 1의 조합으로 컴퓨터상에서만 존재한다. 예를 들어 신용카드만 있으면 현금이 없이도 자유롭게 물건을 살 수 있는 세상이 되었는데, 이 말은 내 계좌에 들어 있는 돈이 남의 계좌로 자동으로 들어간다는 말이다. 하루에 국제 시장에서 움직이는 돈은 미국을 제외한 모든 나라의 1년 예산보다 큰 금액이다. 연봉 몇억 원을 받는 외환 딜러가 종일 컴퓨터 앞에 붙어 앉아 '사고! 팔고!'를 외치고 있다. 그런데 달러를 사고 판다고 해서 누군가 달러 뭉치를 들고 이리저리 뛰어다니는 것이 아니다. 돈을 보냈다는 말은 내 통장에서는 빠져나갔다고 기록이 되고, 다른 사람의 통장에는 들어왔다는 기록이 남겨진다는 뜻이다. 돈 자체가 정보가 되어버린 것이다.

정보가 지배한다는 말의 또 다른 의미는 정보의 내용적인 측면과 관련이 있다. 제2의 물결 시대에는 실제로 물건을 많이 가지고 있는 사람이 부자였다. 그런데 물건의 대량생산이 용이해지고 물자와 자본의 이동이 쉬워지면서, 물건을 가진 것보다 정확하고 적절한 정보를 가지는 것이 점점 더 중요해진다. 물건을 보유했더라도 어느 지역에서 그 물건을 필요로 하는지 모르면 별 소용이 없다. 거대 유통업체들은 물건을 직접 만들지도 않고 나르지도 않지만 자신의 브랜드를 붙여 물건을 팔고 이윤을 남긴다. 앞에서도 언급했듯이 시장에서 판매되는 상품의 브랜드 인지도는 그 상품의 실제 질만큼이나 중요하다. 화장품 한 병 값의 몇 퍼센트가 그 화장품 광고에 출연한 여배우에게 돌아가는지 아무도 모른다. 광고를 하지 않는다면 화장품 값은 훨씬 싸지겠지만, 팔리지도 않을 것이다.

방금 언급한 외환 딜러는 환율의 등락을 이용해 돈을 번다. 주식 투자가들은 자기가 가진 주식을 발행한 회사가 뭘 하는지도 잘 모른 채 사고팔기를 거듭한다. 어차피 실제로 그 회사가 얼마나 좋은 제품을 얼마나 많이 생산했느냐가 중요한 것이 아니라, 그 회사가 앞으로 얼마나 잘될 것 같은지가 더 중요하다. 아니, 실제 성장의 가능성보다 사람들이 느끼는 성장의 가능성이 더 중요하다. 더 정확하게 말하자면, 주식 투자자는 사람들이 어떻게 느끼는지를 알아야 한다.

미국의 유명한 인터넷 서점 아마존 닷컴은 최근 들어서야 약간의 흑자를 냈다. 그러면 그동안의 적자를 어떻게 메울 수 있었을까? 이 회사는 주식을 발행했다. 적자가 나는 동안에도 참신한 아이디어만으로 아마존의 주식 시세는 한때 엄청나게 치솟았다.

아는 것이 힘이라고 했던 베이컨의 귀신이 어른거리는 모습이 보이는가? 자연의 정복을 뜻했던 베이컨의 힘은 토플러의 제3의 물결 개념에서 옷을 갈아입고 다시 나타난다. 이제 지식은 더 이상 자연에 대한 과학적 지식이 아니고, 자연의 변형을 가능하게 하기 때문에 힘이라고 불리는 것이 아니다. 제3의 물결에서 지식은 그 자체로 힘이고, 그 자체로 돈이 된다. 물론 이런 변화가 일어난 것은 컴퓨터 기술의 뒷받침이 있었기 때문이고, 컴퓨터 기술의 발전은 베이컨이 말했던 과학적 지식이 축적되었기 때문에 가능한 것임도 잊어서는 안 된다.

▣ 물결이 보이니? 그럼 올라타봐!

　날씨가 안 좋다고 계획한 휴가를 안 갈 수는 없다. 바람은 좀 불지만 자리를 펴고 앉았는데 해수욕장 저 멀리서 좀 위험할 정도로 큰 파도가 다가온다. 당신이라면 어떻게 하겠는가? 안전 불감증으로 어떻게 되겠지 하며 멍하니 보고 있다가 파도에 텐트, 요리기구뿐 아니라 괜히 들고 나온 MP3 플레이어와 휴대전화까지 휩쓸려 가는 낭패를 보는 사람들이 있을 것이다. 어떤 사람은 거대한 물결 때문에 생길 큰 소동을 생각하며 한숨만 쉬고 있다. 또 다른 사람은 상황의 심각성을 무시한 채 '저렇게 큰 파도는 어떻게 일어나게 된 걸까' 궁리를 한다. 어디로 갈지 모른 채 무작정 도망치는 사람도 있고, 그 물결에는 도저히 버티지 못할 해변의 간이 구조물 뒤에 숨는 미련한 사람도 있다. 바로 이때 서핑보드를 옆에 끼고 물안경을 쓴 사나이가 나타난다. 어느 시점에 물결을 타야 가장 적당할지를 가늠하면서 서핑보드에 엎드려 헤엄쳐 간다. 정확한 시점에 물결 위에 올라타서 균형을 잘 맞추면 거대한 파도는 오히려 그의 휴가를 오래오래 기억하게 만들 좋은 추억이 될 것이다.

토플러는 왜 제3의 물결이 도래했는지 분석하지 않는다. 마치 서퍼가 파도가 이는 까닭을 묻지 않는 것처럼. 그러나 그는 몰려오는 파도를 가장 잘 이용할 수 있는 사람이다. 토플러의 관심은 몰려오는 제3의 물결에 어떻게 대처할 것인가에 집중한다. 철학자들이나 역사학자들이 묻는 역사 발전의 원인에 대해서 토플러는 깊이 연구하지 않는다. 토플러는 현 상황을 분석하고, 대처 방안을 말해준다. 세계의 정치 지도자들이 토플러에게 조언을 구하는 이유가 바로 여기에 있다. 토플러야말로 정보를 가지고 막대한 이익을 창출하는 대표적인 사람이다.

제2의 물결은 대규모 조직과 대량생산 체제로 대표되는데, 이는 빠른 변화에 유연하게 반응하지 못하고 쏟아지는 정보를 감당할 수 없으며, 에너지를 과다하게 소비하게 된다. 반면에 제3의 물결은 소규모 조직과 맞춤형 생산, 그리고 보다 효율적이고 환경친화적인 에너지의 사용을 지향한다. 토플러는 이렇게 상반되는 성격을 가진 제2의 물결과 제3의 물결이 충돌하는 것이 불가피하다고 생각하며, 궁극적으로는 제3의 물결이 주도권을 잡게 될 것이라고 본다. 따라서 새로운 시대에 제대로 적응하기 위해서는 정부와 기업, 그리고 개인이 산업주의에 매몰되는 대신 혁신의 노력을 기울여야 한다.

정부는 먼저 피라미드식의 계층적인 조직 체계를 버리고 보다 평면적인 네트워크 조직의 도입을 통해 경직성을 버려야 한다. 또 유럽연합[EU]과 같이 시장의 크기를 늘리려 노력하기보다는 핵심 기술을 집중 육성하고 빠르게 변하는 세계에 적합한 교육 환경을 조성해야 한다. 기업 역시 대규모 산업 시설의 확충보다는 신기술 개발과 새로운 정보의 활용에 역점을 두어야 한다. 토플러는 바이오 기술, 나노 기술, 정보통신 기술을 연결시킴으로써 완전히 새로운 가능성을 열어야 한다는 점을 강조한다.

개인은 현대 기술이 제공하는 수많은 가능성들을 능동적으로 사용할 수 있는 창의력을 길러야 한다. 제3의 물결은 강고한 조직을 필요로 하지 않기 때문에 제2의 물결 시대에 비해 집단의 결속력은 약해지고 개인의 능력이 중요해지게 된다. 이에 따라 가정의 중요성이 커지는데, 토플러는 산업주의 시대에 형성된 핵가족이 붕괴 직전에 있음을 우려하면서 제3의 물결이 성공적이기 위해서는 가정의 중요성을 재인식해야 한다고 주장하기도 한다.

제3세계의 가난을 극복하는 길도 제3의 물결 방식을 따라야 한다. 당장 먹을 것이 없어 허덕이는 국가들이 대량생산 체계를 통해 가난을 극복하겠다는 식의 접근을 하는 것은 무모하고 비현실적이다. 또한 원조를 한다며 대량생산 체계가 생산해낸 재화들을 무작정 갖다주는 것도 한계가 있다. 따라서 제3의 물결에서 등장하는 생산소비자의 개념을 적극적으로 적용할 필요가 있다. 토플러는 아이러니하게도 생산소비자의 전형을 제1의 물결에서 찾을 수 있다는 점을 지적한다. 농업의 시대에는 자기가 생산한 곡식을 자기가 먹었다. 제3의 물결은 첨단 기술의 도입을 통해 과거의 생산 양식을 재현하게 된 것이다. 이는 현재 제1의 물결에 머물러 있는 가난한 나라들에 제3의 물결 방식이 오히려 쉽게 적용될 수 있음을 보여준다. 토플러는 가난한 나라에 대한 외부 원조가 공장을 짓거나 인프라를 제공하는 것보다 최소한의 복지, 즉 의식주의 문제와 기본적 교육의 문제를 해결하는 데 집중되어야 한다고 주장한다. 일단 이런 문제들이 어느 정도 해결되면, 가난한 나라 사람들이 정보가 중심이 되는 제3의 물결 경제에 편입하는 것은 상대적으로 쉬울 수도 있다는 것이다. 토플러가 예로 드는 한 중국 농부의 이야기를 들어보자.

> 중국 안후이성 시골의 행상인 왕쉬우 씨는 자신의 물건을 바구니에 담고 근처 마을이나 시장에서 손님을 찾아다니곤 했다. 그의 삶은 1,000년 전의 농부나 행상들의 삶과 별반 다를 것이 없었다. 그런데 1999년 왕 씨의 삶은 바뀌었다. 왕 씨는 그때 자기에게 '굉장한 기회가 왔음'을 깨달았다고 말한다. 요즘은 고객들이 왕 씨를 찾아온다. 그 굉장한 기회는 인터넷이었다. 왕 씨는 인터넷 도사가 아니었다. 나이가 52세였으니 어리지도 않았다. 그러나 그는 사업 수완이 있는 사람이어서 집에서 서핑을 한 지 얼마 되지 않아 동네 사람들에게 시장 정보를 공짜로 알려주기 시작했다. 농부라면 누구나 제값을 받을 수 있는 때를 안다는 것이 얼마나 중요한지 안다. 전통적으로 농부들은 곡물이나 가축들을 팔기만 하면 된다는 생각으로 시장에 갔고, 거기 도착해서야 값을 얼마나 받을 수 있는지 알 수 있었기 때문에 흥정할 여지가 별로 없었다. 왕 씨는 동네 사람들에게 요즘 시세가 얼마인지를 알려주어 이런 사정을 바꾸었다. 《부의 미래》

왕 씨의 성공이 알려지자 안후이성 당국의 도움으로 지역 농부들의 90퍼센트가 인터넷에 접속해 공짜로 시장 정보를 얻을 수 있게 되었고, 온라인 무역 박람회를 통해 1년에 10만 톤이 넘는 곡식을 팔았다고 한다.

과연 왕 씨와 안후이성의 성공이 모두에게 적용될 수 있는 것일까? 모든 아프리카 사람들에게 값싼 컴퓨터를 주고 인터넷에 접속시키면 모두 나름대로 살아갈 수 있는 방편을 마련하게 될까? 왕 씨의 성공은 그와 같은 시도를 한 사람들이 별로 없었기 때문에 가능한 것이 아니었을까? 만약 그렇다면 토플러는 계속해서 새로운 시도를 해야 한다고 말하는 것이 아닐까? 상식적으로 생각했을 때, 처음 두 물음에 대한 답은 부정적이고, 그다음 두 물음에 대한 답은 긍정적이다.

토플러는 지속적인 기술 발전이 왕 씨에게 생긴 '굉장한 일'과 같은 기회들을 계속 공급해줄 것이고, 이것을 잘 활용하면 지금 가난한 사람들에게도 기회가 올 것이라고 주장한다. 여기에는 한 가지 단서가 붙는데, 그 사람들이 교육을 받아야 한다는 것이다. 토플러는 학교를 세워야 한다는 제2의 물결식 사고방식만 버리면 그것을 실현하는 것이 그렇게 어렵지 않다고 주장한다.

긍정의 힘

저명한 미래학자로 찬사를 받으며 한국을 비롯한 여러 나라를 방문할 때면, 주로 장밋빛 미래에 대해 말하는 토플러의 이야기를 뉴스를 통해 들을 수 있다. 국가와 기업의 조직을 어떻게 하면 발전할 수 있고, 어떤 기술을 개발해야 하며, 개인은 어떤 품성을 길러야 하는지에 대한 조언들이 쏟아진다. 그 조언들만 지키면 우리는 잘살 수 있기 때문에, 토플러의 미래는 밝아 보인다. 실제로 그는 미래가 살 만한 세상이 될 것이라는 기대를 자주 표명한다.

그러나 그의 저서들은 그렇게 단순하지 않다. 토플러가 제3의 물결이 가져오는 유익만을 강조하는 것은 아니다. 토플러는 제2의 물결과 제3의 물결이 충돌하면서 생기는 여러 가지 문제들과 제3의 물결로 인해 답지하는 위험들을 분명히 지적하고 있다. 《권력이동》에서는 지식이 점차 권력의 가장 중요한 요소로 되어가는 과정을 잘 묘사하고 있지만, 그중에 미래에 대한 기대를 부풀게 하는 이야기는 별로 없다. 그 과정 자체가 심한 투쟁의 연속이기 때문이다. 제1의 물결과 제2의 물결의 충돌은 전쟁, 반란, 기아, 강제 이주, 쿠데타 등으로 점철되었다. 제2의 물결과 제3의 물결의 충돌은 이보다 더한 위험을 내포한다.《제3의 물결》에서는 제2의 물결의 붕괴가 가져오는 심리적 위기의식을 설명하며 "오늘날의 사회는 어딘가 크게 잘못되어 있다"고 진단한다. 또《권력이동》은 다음과 같은 말로 끝난다.

> 권력의 원천으로서 폭력을 사용하는 것은 금방 사라지지 않을 것이다. 전 세계의 광장에서는 여전히 학생과 시위자들이 사살될 것이고, 군대는 여전히 국경선을 넘어 돌진할 것이다. 정부는 정보의 목적에 도움이 된다고 생각하면 여전히 무력을 행사할 것이다. …… 또한 개인이든 공무원이든 막대한 부를

장악하게 되면 여전히 엄청난 권력을 부여받을 것이다. 부는 앞으로도 계속 가공할 만한 권력의 수단이 될 것이다. …… 그러나 여러 가지 예외와 불규칙성, 모순과 혼란에도 불구하고 우리는 지금 권력의 역사상 가장 중요한 한 가지 변화를 목격하고 있다. …… 지금 최고급 권력의 원천인 지식이 시시각각으로 그 중요성을 더해가고 있음을 부인할 수 없다.

따라서 토플러에게 지금의 혼란은 불가피하다. 제3의 물결은 조용히 도래하지 않는다. 제1, 2의 물결에서 기득권을 가졌던 세력들이 저항하기 때문이다. 이 혼란을 마다하는 것은 어리석고 패배주의적이다. 이 문제들을 극복해야만 제3의 물결이 지배하는 좋은 세상을 맞이할 수 있다는 것이다.

현대 기술에 대한 비판적 시각에 대해서도 토플러는 같은 입장을 취한다. 현대 기술에 대해 회의적인 시각을 가진 환경론자나 2장에서 살펴본 미래의 악몽을 우려하는 사람들을 토플러는 기술반군 techno-rebels 이라고 부른다. 토플러는 이들의 의견이 어느 정도 타당하다

새 물결이 다가오면 신나게 타보는 거야!

고 생각하지만, 결국 그들의 생각은 제3의 물결에 편입될 수밖에 없다고 본다. 즉 환경오염이나 극단적인 불평등과 같이 현대 기술이 직면한 여러 가지 문제들을 최첨단의 기술이 해결해줄 것이라고 믿는다. 이런 믿음에 수긍하지 못하는 사람들에게는 여지없이 '비관론자'라는 딱지를 붙인다.

점점 비관적으로 되어가는 것은 현명함을 가장하는 가장 쉬운 방법이다. 그러나 영구적인 비관주의는 더 이상 생각을 할 수 없게 만든다. 시각장애인이자 청각장애인이었으나 불굴의 의지로 많은 것을 성취한 헬렌 켈러는 말했다. "비관론자 중에 별들의 신비를 밝혀내거나 지도에 나오지 않은 땅으로 항해하거나, 인간 정신에 새로운 천국을 열어준 사람은 하나도 없다." 《부의 미래》

토플러는 미래의 기술이 펼칠 새로운 기회와 가능성들을 믿는다. 수많은 문제들이 생겨날 것이라는 것을 알면서도 그러한 도전을 그만두어야 할 것이라는 생각은 털끝만큼도 하지 않는다. 어차피 인류의 삶은 거대한 물결들에 의해 지속돼왔다. 그 거대한 물결을 막아보겠다는 생각은 어리석음의 소치일 뿐이다. 문제는 그 물결 위로 어떻게 멋지게 서핑을 하느냐다. 토플러는 한 번 멋지게 떠보고 싶은 개인, 기업, 국가들에게 서핑을 가르치는 선생이다.

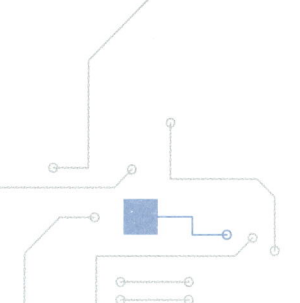

만남 4

엘륄,
인간은 기술의 주인인가, 하인인가?

 살다가 문득, 내 삶이 나의 의지와는 상관없이 진행된다는 생각을 해본 적은 없는가? 대부분의 사람들은 자신들이 딱히 원하는 것이 아니라도 주어진 환경에 맞추어 살아간다. 과외에 시달리고, 대학입시로 스트레스를 받고, 취직을 걱정하고, 집을 사기 위해 재테크에 머리를 굴리고……. 그러나 어느 순간, '내가 왜 이러고 있지?' 하는 생각이 들면 인생이 피곤해진다. 차라리 생각을 안 하는 게 편하긴 하지만 어쩔 수 없이 문득문득 떠오르는 회의에 사로잡히기도 한다. 몇몇 용감한 사람은 자신에게 주어진 틀을 벗어나 새로운 시도를 해보기도 하는데, 워낙 위험천만한 일이다. 대박이 날 수도 있지만, 쪽박을 차게 되기 십상이다.
 산업혁명의 뿌리가 되는 르네상스와 근대의 철학은, 서양 중세의 주어진 환경에서 벗어나려는 노력의 일환이었다고 할 수 있다. 중세에는 인간의 일상뿐 아니라 정치와 학문에서도 가장 중요한 것이 신에 대한 믿음이었다. 자연은 인간과 함께 신의 피조물로 인식되었다. 이에 대항해 근대 철학자들은 인간의 이성과 합리성을 최후의 판단 기준으로 삼는 시도를 감행했다. 신은 더 이상 중요한 존재로 여겨지지 않았고, 자연은 인간의 이해와 사용의 대상이 되었다. 이와 같은 인식을 바탕으로 발전한 근대 과학의 이론들은 산업혁명 시대에 와서 새로운 기술들과 결합함으로써 엄청난 위력을 발휘하게 되었다. 요컨대, 산업혁명 이후의 현대 과학기술은 역사가 시작된 이래 인간의 자율성을 최대로 발휘할 수 있게 해준 도구인 것이다.

그런데 앞서도 살펴보았듯이 현대 기술이 우리에게 무한한 가능성과 행복만을 안겨준 것은 아니다. 2장에서 지적했듯이 개별 기술들은 여러 가지 위험을 가져올 수 있는데, 이러한 우려들은 보다 근본적인 문제로 이어진다. 즉, 과학기술이 엄청난 속도로 발전하면서, 사람이 자신의 행복과 욕구 충족을 위해 과학기술을 사용하는 것이 아니라, 과학기술에 의존하며 그에 휘둘리게 되는 것 같은 상황이 되어버린 것이다. 과학기술의 발전이 인간의 필요에 의해서가 아니라 그 자체의 동력을 가지고 스스로 이루어진다는 생각도 하게 되었다.

이런 생각을 잘 표현한 것이 찰리 채플린[Charles Chaplin, 1889~1977*]의 영화 〈모던 타임스[Modern Times]〉(1936)다. 영화를 보지 않은 사람도 다 아는 유명한 장면, 즉 공장 노동자로 분한 채플린이 기계의 톱니바퀴에 끼어 돌아가는 모습은 인간이 거대한 기계의 일부가 되어버렸다는 사실을 풍자적으로 묘사한다. 앞 장에서 살펴본 소설 『프랑켄슈타인』은 과학자가 만든 피조물이 자기 자신의 의

지와 욕구를 가지게 되고, 이런 모습을 본 과학자 자신은 어찌할 줄 모르는 상황을 보여주고 있다. 우리의 모습이 정말 이러하다면 아이러니한 일이 아닐 수 없다. 방금 인간이 중세 천 년 동안 신에 대한 믿음을 바탕으로 사고하고 행동하다가 이성과 합리성을 앞세워 신으로부터 독립하고 자연을 지배하게 되었다고 설명했다. 그런데 그 자연 지배의 도구인 과학기술에 인간이 다시 얽매여 마구 끌려가게 되었다면 자율성을 찾으려는 인간의 노력은 수포로 돌아간 셈이다.

이러한 우려는 특히 제1, 2차 세계대전을 통해 심화되었다. 전쟁의 충격은 무엇보다 과학기술을 통해 지상천국을 수립하려는 꿈이 깨진 것이었다. 과학의 발달로 인간이 여러 가지 고통과 한계에서 벗어날 수 있을 것이라는 희망이 덧없는 것임이 밝혀진 것이다. 전쟁은 과학기술이 다른 인간에게 고통을 안겨주는 데 사용될 수 있으며, 그런 목적을 가질 때 훨씬 더 빨리 발전할 수도 있다는 사실이 드러났다. 특히 제2차 세계대전은 히틀러의 유대인 살육 공장과 일본 히로시마와 나가사키 원자폭탄 투하라는 크나큰 오점을 남겼다. 20세기 초·중반에 여러 학자들이 현대 기술에 대해 회의를 표명한 것은 이러한 정황과 무관하지 않다.

이 장에서는 현대 기술에 대한 우려를 이론적으로 정리한 프랑스의 정치학자이자 사회학자인 자크 엘

전통 기술과의 비교, 관찰을 통해 현대 기술을 비판한 자크 엘륄.

릴^{Jacque Ellul, 1912~1994}의 사상을 소개한다. 엘륄은 현대 기술에 대해 비판적인 태도를 가진 학자들을 소개할 때 꼭 언급되는 인물로 이에 대한 여러 저서를 남겼다. 그중에서도《기술 사회^{La technique ou l'enjeu du siècle}》(1954),《기술 시스템^{Le système technicien}》(1977),《기술담론의 허세^{Le bluff technologique}》(1988) 등이 유명하다.

전통적 기술과 현대 기술의 차이

엘륄은 특이한 사람이다. 무엇보다도 그는 딴죽을 거는 것으로 점철된 인생을 살았다. 그는 마르크스의 이론에 깊이 경도되었으나 공산당원이 되지는 않았다. 오히려 소련과 같은 공산국가들이 마르크스의 이론과 무관한 정책을 편다며 강하게 비판했다. 그는 신심이 깊은 기독교인이었으며 신학에도 조예가 깊었지만, 기존의 교회에 대해서는 매우 비판적이어서 나중에는 제도 교회에는 희망이 없다고 할 정도였다. 다른 한편으로 그는 전혀 상반된 것 같은 것들을 한데 아우르는 사람이었다. 기독교인이면서 마르크스주의자인 것이 얼마든지 가능하다고 하면서, 마르크스가 인간 삶과 역사의 의미에 대해서는 아무 대답도 주지 않았다고 해서 마르크스의 이론 전체를 부정할 필요는 없다고 주장했다. 평생을 학자로 지냈지만, 제2차 세계대전 때에는 프랑스 레지스탕스의 일원으로 활동하기도 하였다. 앞으로 살펴보겠지만 그는 현대 기술 사회에 대해 매우 비관적인 태도를 가졌으면서도, 항상 그 사회를 변혁하기 위해 다방면으로 노력했다.

엘륄은 자신이 충실한 마르크스주의자이기 때문에 현대 기술에 대해서 관심을 가지게 되었다고 설명한다. 그는 마르크스가 20세기에 살았더라면 시대의 가장 결정적인 요소로 자본 대신 기술을 꼽았을 것이라고 말한다. 마르크스가 훌륭하긴 하지만 그 역시 한 시대에 속한 사람이기 때문에 그가 설파한 이론에 매달리는 것보다 그 이론을 시대에 맞게 발전시켜야 한다고 본 것이다.

현대 기술이 무엇이기에 그렇게 중요하단 말인가? 사회학자이자 역사학자로서, 엘륄은 기술의 본질이 무엇인지에는 별로 관심이 없었다. 대신 그는 산업혁명 이후의 현대 기술과 그 이전의 전통적 기술을 유심히 관찰하고 그 차이를 서술한다. 그는 전통적 기술과 현대 기술의 차이가 너무 커서 '기술'이라는 동일한 이름으로는 거의 부를 수 없을 정도라고 주장한다.

첫째, 전통적인 기술은 다른 상위의 목적을 성취하기 위해서 만들어지고 사용되었다. 다시 말해서 기술 자체가 중요시된 경우는 없었고, 대부분 종교적이거나 실용적인 목적이 그 상위에 있었다. 특히 피라미드나 교회 건축같이 복잡한 기술들이 종교적 목적에 의해 사용되는 경우가 많았다. 기술의 목적이 실용적이었다는 것은 꼭 필요한 기술만 개발되었다는 것이다.

이에 반해 현대에는 기술 발전 자체가 중요한 의미를 가진다. 그러다 보니 기술의 발전은 실제의 필요와는 별 상관이 없다. 세계에 시속 130킬로미터 이상으로 달릴 수 있는 도로는 별로 없지만, 여전히 더 빨리 달릴 수 있는 차, 마력이 더 큰 차가 비싸다. 개인 컴퓨터의 저장이나 처리 능력을 3분의 1도 사용하지 못하는 소비자가 더 많지만, 컴퓨터의 기능은 나날이 향상된다.

둘째, 전통적인 기술 활동에서는 도구보다 장인을 더 중요하게 생각했다. '훌륭한 목수는 대패를 탓하지 않는다'는 말이 있는데, 이는 최소한의 도구로 최대한의 결과를 내는 장인의 손기술을 강조한 말이다. 장인들은 자신의 손때가 묻은 도구들을 함부로 버리지도 않았고, 그 도구들을 개선하려고 애쓰지도 않았다.

현대에는 좋은 기계를 가지는 것이 좋은 결과와 직결된다. 물론 최첨단 과학 실험실의 기계를 다루는 데도 전문가의 손재주가 중요한 경우가 있다고 한다. 그러나 이 경우에도 사람이 도구보다 더 중요하다고 하기는 어렵다. 최첨단 기계가 없으면 아무리 손재주가 좋아도 정교한 실험을 하기 어렵다. 더욱이 대부분의 경우에 현대 기술에서는 손기술을 최대한 배제하려고 노력한다. 고도로 자동화된 공장에서 실수는 사람만 한다. 기계가 망가지면 원인을 찾아 고칠 수 있지만, 사람의 실수는 예측도 예방도 불가능하다. 사람이 졸지에 가장 품질이 나쁜 기계가 된 셈이다.

셋째, 전통적 기술은 그 당시의 문화적, 종교적 환경에 영향을 많이 받았기 때문에 한 지역의 기술이 다른 지역으로 옮겨 가는 데 오랜 시간이 걸렸다. 앞서 말했듯이 이미 존재하는 기술을 개선시키려는 노력을 별로 기울이지 않았기 때문에, 다른 지역의 기술을 굳이 수입하려 하지도 않았다. 조선 말기에 실학자들이 중국에 가서 여러 가지 신문물을 배우고 새로운 기기를 들여왔지만 별다른 환영을 받지 못한 것이 그 좋은 예다.

반면에 현대 기술은 문화와 종교를 뛰어넘어 빠른 속도로 퍼진다. 개화기를 지나 일제시대와 한국전쟁을 거치면서 서양의 기술이 급속도로 우리나라에 퍼진 것 역시 일정한 저항의 시기를 지나고 나면 현대 기술은 문화적 차이를 불문하고 무서운 속도로 파고든다는 점을 잘 입증해준다.

넷째, 전통 사회에서는 특정 기술의 사용이 필수적인 것이 아니었다. 물론 남들이 다 쓰는 도구를 사용하지 않으면 좀 이상한 사람 취급을 받긴 했지만, 그 결정을 존중했고 경우에 따라서는 존경하기까지 했다. 서양의 은둔자나 순례자, 동양에서 도를 닦는 사람들이 기존 삶의 방식과는 다른 생활 양식을 취한다 해도 그들이 배척의 대상이 되지는 않았다.

그러나 현대 기술은 하나의 거대한 시스템을 이루어 거기에 맞지 않는 자를 배척하는 경향이 있다. 최근에 휴대전화나 이메일 등 통신 수단은 모든 사람에게 필수적인 것이 되어서, 그 사용을 거부하는 사람들은 이상한 사람으로 취급받을 뿐 아니라 상당한 불이익도 받게 된다. 기술이 삶의 많은 부분에 침투한 만큼, 기술에 대한 의존도가 커지기 때문에 일어나는 현상이라고 할 수 있을 것이다.

현대 기술의 특징들

앞의 비교를 토대로, 엘륄은 이러한 현대 기술의 특징들을 다음과 같이 여섯 가지로 정리한다.

① 기술 선택의 자동성
② 자기 확장성
③ 일원주의
④ 개별 기술들의 필연적 결합
⑤ 보편성
⑥ 자율성

    기술 선택의 자동성이란 두 가지 기술 중 하나를 선택할 때는 효율성이 유일한 규칙이 되기 때문에 정밀한 계산만 하면 선택은 자동적으로 이루어진다는 것이다. 좋은 예로 목도장이 있다. 10여 년 전만 해도 길모퉁이나 상점 한구석에서 날카로운 도장칼로 목도장을 파주는 도장집들을 흔히 볼 수 있었다. 도장의 굵기에 따라 받침대를 이리저리 조정해 도장을 고정한 후 작은 공간에 파 내려가는 목도장. 지금 그분들은 다 어디로 가셨을까? 지금은 도장집이 얼마 남아 있지 않고 보통 문구점 등에서 목도장을 만들어준다. 프린터같이 생긴 작은 기계에 목도장을 고정시키고 컴퓨터 소프트웨어를 조작해 마음에 드는 글자체를 고른 후 클릭하면 몇 분 후 목도장이 완성된다. 기계를 사용하면 누구나 도장을 팔 수 있고 약간의 공간만 있으면 된다. 하루 종일 기술자가 자리를 지키고 있어야 하는 과거에 비해 훨씬 효율적이다. 이러니 도장집이 사라져버릴 수밖에.

    기술의 자기 확장성이란 기술의 발전에서 인간의 결정적인 개입이 상대적으로 줄어들고, 한 가지 기술의 발전이 다른 기술의 발전으로 이어짐을 의미한다. 예를 들어 정보통신 기술과 교통

기술이 발달함에 따라 금융 기술도 발달하게 되었다. 오늘날 엄청난 규모의 국제 금융 시장이 형성된 것은 정보통신 기술이 아니고서는 불가능했을 것이다.

일원주의란 기술을 악용하는 것과 선용하는 것을 구별해서 생각할 수 없다는 점이다. 예를 들어 인터넷상으로 정보에 접근하기가 용이하다는 것은 학자가 논문을 찾을 때나 어린 학생이 포르노물을 찾을 때나 똑같이 적용된다. 물론 두 경우 모두 아무 절차도 없이 접근이 허용되지는 않지만, 옛날에 비해 정보에 접근하기가 더 빠르고 쉬워졌다는 측면에서 보면 별 차이가 없다.

개별 기술들의 필연적 결합이란 위에서 말한 기술의 확장성과도 관련이 있다. 모든 기술이 이런저런 방식으로 확장되다 보면 결국 모든 기술은 서로 밀접하게 결합된다. 엘륄은 산업혁명 때 시작된 기계 기술이 어떻게 다른 여러 가지 기술을 필연적으로 나타나게 했는지를 다음과 같이 설명한다.

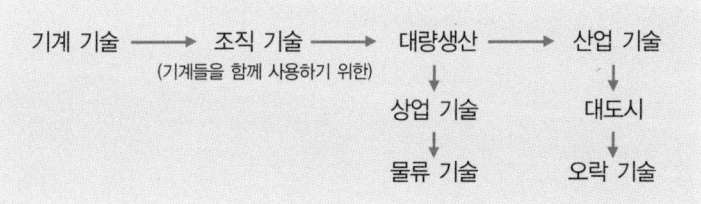

이런 기술들은 다시 분배와 소비를 조절하는 경제 기술, 시장을 포함한 국가의 전체 시스템을 관장하는 정치 기술, 이러한 기술들이 대중적 호응을 얻게 하는 선전 기술 등으로도 이어진다.

기술의 보편성이란 현대 기술이 어디 가서나 바로 사용될 수 있다는 점을 강조한다. 새로운 기술을 사용하기 위해 굳이 더 많이 배운 사람이거나 문명화된 사람일 필요가 없다. 인터넷을 사용하기 위해서 엄청난 지식이 요구되는 것은 아니다. 이러한 보편성은 결국 세상의 모든 문화적 차이들을 약화시키는 결과를 초래한다.

인간의 통제를 벗어난 기술 기술의 자율성

　엘륄을 유명하게 만든 것은 '기술은 자율적이다'란 파격적인 주장이다. 이 말은 본래의 뜻과는 상관없이 여러 가지로 해석돼 많은 비판의 대상이 되었다. 기술이 자율적이라고 하면 제일 먼저 떠오르는 것은 역시 앞서 살펴본 프랑켄슈타인 박사의 괴물이다. 만들어놓고 보니 알아서 판단하고 행동하는 자율적 존재, 주인을 속수무책으로 만들고 급기야는 죽여버리는 괴물, 기계들이 알아서 스스로를 유지시키며 인간들을 에너지원으로 이용하는 세상을 배경으로 하는 〈매트릭스〉도 비슷한 설정이다.

　그러나 엘륄의 주장이 그렇게 단순한 것은 아니다. 엘륄이 기술이 자율적이라고 주장하는 것을 잘 살펴보면, 기술 사회에서 인간의 자율성이 훼손되었다는 말을 좀 더 극적으로 표현한 것뿐임을 알 수 있다. 기술의 자율성을 한마디로 설명하자면, 기술 발전의 속도와 규모가 너무 커져서 사람의 주체적인 결정이 별로 의미가 없어졌다는 뜻이다. 기술 개발자에게는 시장의 상황과 경쟁의 논리에 휩쓸려 자기가 왜 그 기술을 개발하는지 생각할 여유가 없다. 게다가 최첨단 기술은 수많은 세부 기술의 집합체이기 때문에 개별 공학자가 수행하는 연구나 작업은 전체 프로젝트의 극히 일부에 불과하다. 그렇게 개발된 기술을 사용하는 소비자 역시 자신에게 그 기술이 필요한지 아닌지를 결정하기도 전에 이미 그 기술을 사용할 수밖에 없는 상황이 만들어진다.

이런 상황에서는 정치적인 목적이나 경제적인 이윤도 기술의

■■ 기술의 자율성 | 기술사회에서는 인간의 필요에 따라 기술이 발달하는 것이 아니라 기술의 발달이 인간 삶의 여러 가지 변화를 이끌어낸다. 즉 정치, 경제, 사회적 변화의 원인이 인간이 아니라 기술이 되는 것이다.

자율적 발전을 막지 못한다. 정치적인 목적을 위해 기술 발전의 방향을 결정하는 것이 아니라, 기술의 발전을 지원하기 위해 정치적인 목적을 수정하게 된다. 그 좋은 예로, 공산주의나 자본주의나 똑같은 방식으로 기술 발전을 추구했다는 점을 들 수 있다. 옛 소련과 미국이 군비 경쟁뿐 아니라 과학기술의 발전이라는 측면에서도 매우 감정적인 경쟁을 했다는 것은 잘 알려진 사실이다. 경제적인 손해에도 불구하고 기술 발전을 계속 추구하는 예로는 우주개발 계획이 있다. 우주개발 계획을 지지하는 사람들은 끊임없이 새로운 청사진을 제시하며 투자를 합리화한다. 물론 장기적으로 보아서는 경제적으로 손해가 된다고 장담할 수 없고, 미국과 소련이 엄청난 돈을 쏟아부은 결과 지금 혜택을 누리고 있는 부분도 없지 않다. 그러나 순간의 이익이 매우 중요한 자본주의 시장에서 정확히 무슨 경제적 이익이 있는지 모르는 상태에서 지속적으로 우주개발을 시도하는 것은 특이한 일이라 하지 않을 수 없다. 엘륄이 강조하고자 하는 것은, 모든 기술 개발이 뚜렷한 이유를 가지고 진행되는 것이 아니며, 기술 사회의 시민들은 가능성이 막연한 기술이더라도 그것을 개발하려는 시도는 가치가 있다고 생각하게 되었다는 점이다. 결과적으로 사람들이 무엇을 원하는지보다 기술 발전을 지속하는 과정이 더 중요해진다.

예를 들어 컴퓨터의 문서 작성 소프트웨어를 생각해보자. 한 가지 버전에 익숙해지기도 전에 새로운 버전이 나오고, 얼마 안 있으면 가지고 있는 옛날 버전을 더 이상 사용할 수 없게 된다. 다른 사람이 새 버전으로 작성하여 보낸 파일을 옛 버전으로는 읽을 수가 없기 때문이다. 소프트웨어 회사들이 해당 프로그램을 관공서나 회사 등에 대량으로 유통시켜서 사람들이 새 버전을 구입하지 않으면 안 되는 환경을 조성한다. 이런 상황은 소프트웨어 개발자라고 통제할 수 있는 게 아니다. 계속 업그레이드를 하지 않으면 이윤을 창출할 수 없고, 치열한 경쟁 시장에서 다른 회사가 업그레이드 버전을 출시하면 자신들도 뭔가를 보여줘야 하기 때문이다. 문제는 새로운 버전에 옛 버전보다 눈에 띄는 장점이 없다는 것이다. 문서 작성 프로그램을 사용하는 사람들은 그 기능의 일부만을 집중적으로 사용하기 때문에 옛 버전으로 일하는 것이 더 편하다고 느끼는 경우도 많다.

물론 개별 기술인 소프트웨어의 예가 기술의 자율성을 온전하게 설명하는 것은 아니다. 소비자의 바람을 충실하게 반영하며 발전하는 기술도 없지 않기 때문이다. 그러나 기술 사회 전반의 발전 방향을 개별 공학자나 회사, 소비자 개인이나 소비자 집단이 바꾸기는 역부족이라는 진단은 나름대로의 설득력을 가진다.

■ 시스템에 묶인 인간

현대 기술이 자율적이라는 주장은 기술이 하나의 거대한 시스템을 이룬다는 주장과 연결되어 있다. 앞에서도 살펴본 바와 같이 현대 기술은 자기 확장성을 가지고 다른 기술들과 끊임없이 연결된다. 거대한 발전소, 수도 체계, 물류 체계, 통신 체계, 금융 체계는 서울과 같은 대도시를 지탱하는 데 필수 불가결한 요소들이다. 지하철과 버스를 타고 내릴 때 쓰는 교통카드는 복잡한 금융 시스템과 연결되어 있다. 그렇게 많은 자동차가 서울을 누비기 위해서는 곳곳에 주유소가 있어야 하고, 중동에서 실어 온 기름을 가공하여 각각의 주유소로 다시 실어 나르는 시스템도 있어야 하고, 수많은 차를 등록하고 유지하는 시스템과 교통경찰 시스템도 있어야 한다.

 많은 사람이 먹고 자고 배설하기 위해서는 여러 가지 제반 조건들이 충족되어야 하는데, 그것들 모두 복잡한 유통 구조와 상·하수도 체계, 건축 기술들이 어우러져야 가능하다. 이 모든 것을 관리하기 위한 행정 시스템 또한 매우 중요하다. 엄청난 수의 공무원들이 도시를 하루하루 유지하기 위해 일하고 있는데, 이들을 관리하기 위한 시스템도 있어야 한다. 공무원 한 사람 한 사람의 승진, 월급, 휴가를 적절하게 조절해야 도시를 제대로 유지시킬 수 있기 때문이다.

 각 사람의 하루하루는 매우 독립적인 것처럼 보일지 모르지만, 기술 사회에서 한 사람의 삶은 수많은 다른 사람과 직·간접적으로 연결되어 있다. 이런 연결의 고리는 불교에서 말하는 인연의 고리와는 다르다. 나도 모르는 사이에 연결되어 있다는 점에서 그리고 나에게 일정한 영향을 미친다는 점에서는 비슷할 수도 있으나, 기술 사회의 사람들은 시스템의 일부로서 서로와 연결되어 있을 뿐이다. 불교에서는 인연을 맑은 유리구슬 여러 개가 서로서로를 비추고 있는 것에 비유하는데, 그에 비해 기술 사회는 촘촘히 짜인 그물망이라고 할 수 있다. 유리구슬은 각기 움직임이 자유로운 반면에, 그물망은 서로 얽혀 있어 자유롭지 못하다. 이 시스템의 그물망을 형성하고, 그 매듭을 점점 더 복잡하게 만드는 것이 바로 현대 기술이다. 현대 기술이 제공하는 여러 가지 조건은 사회와 문화를 변화시키는데, 이러한 변화 앞에 우리는 대단히 무력해지는 경우가 많다.

여기서 다음과 같은 반론이 가능하다.

- 인간이 주어진 외부적 조건을 마음대로 조종할 수 있는 때가 있었던가?
- 인간은 어차피 자기가 태어난 곳의 문화와 관습, 사회적 체계에서 자유로울 수 없는 것이 아닌가? 굳이 기술 시스템만이 인간의 자유를 억압한다고 생각하는 이유는 무엇인가?
- 왜 '문화가 자율적'이라고 말하지 않는가?

이에 대한 대답은 위에서 살펴본 전통적 기술과 현대 기술의 차이로 대신할 수 있다. 과거의 기술 역시 인간의 삶에 지대한 영향을 미쳤으나 그때는 인간이 충분한 시간을 가지고 주어진 기술에 적응할 수 있었다. 그러나 현대 기술의 엄청난 규모와 빠른 변화는 인간에게 그러한 여유를 허락하지 않는다. 현대 사회에서 인간의 자율성이 훼손되었다는 주장을 '인간이 본래 자율적이기는 한가?'라는 원론적인 반론을 가지고 반박하는 것은 적절치 않다. 엘륄은 전통적인 사회와 비교할 때, 기술 사회에서의 인간의 자율성이 제한되었고, 이를 "기술이 자율적이 되었다"는 말로 표현한 것이다.

또한 그의 주장에 따르면, 기술 시스템은 인간의 자율성에 반하는 방식으로 점점 공고해진다. 사람들이 '마음대로' 할 수 있는 영역은 점점 줄어들고, 시스템에 의한 통제는 점점 강화된다.

이는 규격화나 정형화와도 관련이 있다. 전에는 별다른 규칙이 없었던 영역에 규칙이 생기고, 그 규칙에 따르지 않으면 생활하기 곤란해진다. 나와 같은 신출내기 철학자가 컴퓨터와 인터넷 사용을 거부하면 철학계에서 고립될 가능성이 많다. 회사원이 휴대전화 사용을 거부하면 이야기가 복잡해진다. 법적으로 문제가 되는 것은 아니지만 특정한 기술의 사용 여부가 자연스럽고도 필수적이 된 것은 그러한 기술들을 중심으로 삶의 양식이 고정되었기 때문이다. 인간이 기술 시스템의 일부가 되었다는 말은 이런 맥락에서 이해할 수 있다.

기술 시스템은 거대하다. 인터넷의 예를 들어보자. 지금 공중에는 무선 인터넷을 통해 날아다니는 동영상들이 마구 떠 있다. 그중에는 교회에는 열심히 다니지만 저작권에 대해서는 별 개념이 없는 철수가 P2P* 방식으로 다운받는 〈패션 오브 크라이스트The Passion of Christ〉(2004)와 옆집의 말썽꾸러기 영수가 다운받는 포르노 영화도 있다. 혹시 철수의 컴퓨터에 영수의 포르노 영화가 다운되는 사고는 일어나지 않을까? 그런 일은 아직 알려진 바 없다. 인터넷에 연결된 모든 컴퓨터는 다른 컴퓨터와 다른 아이피 주소IP address를 가지고 있기 때문이다. 인터넷이 작동하기 위해서

:: P2P

'Peer to Peer'의 약자로 인터넷상에서 개인 대 개인 사이에 이루어지는 파일 공유 기술 및 행위를 총칭하는 말이다. 기존의 정보 유통은 인터넷상이라고 해도 서버-클라이언트의 관계처럼 정보를 제공하는 쪽과 이용하는 쪽으로 나뉘어 있었다. 하지만 P2P 방식에서는 IP 주소의 공유를 통해 개인 대 개인이 직접 정보를 주고받는다. 최근 이런 방식의 정보 교환이 저작권을 무시하고 이루어지는 일이 많아 단속의 대상이 되기도 하지만, 보안 시스템 개발과 콘텐츠 지원을 전제로 한 P2P는 기본적으로 정보 산업의 핵심적 기술이 될 것으로 기대되고 있다.

는 전 세계의 컴퓨터 중에 그 순간 인터넷에 연결되어 있는 모든 컴퓨터가 서로 다른 아이피 주소를 가지고 있어야 한다. 인터넷에 뜨는 하나하나의 화면이 모두 다른 주소를 가지고 있어야 함은 물론이다. 이 모든 것이 저절로 이루어지는 것은 아니다. 아이피 주소와 도메인 이름을 지정해주고 인터넷 트래픽을 관리하는 체계가 필요하다(이런 역할을 하는 단체가 미국에 있는 국제인터넷주소관리기구$^{\text{The Internet Corporation for Assigned Names and Numbers,}}$ ^{ICANN}란 위원회. 그런데 이 단체는 실질적으로는 미국 정부에 의해 주도되고 있고, 미국 정부는 세계 여러 나라의 압력에도 불구하고 ICANN에 대해 영향력을 계속 행사하려고 하고 있다). 다시 말해서 영수와 철수가 자신들이 원하는 정보를 받을 수 있다는 사실은 자신들이 의식하든 의식하지 못하든 이미 인터넷이라는 거대한 시스템의 일부가 되었음을 보여주는 것이다.

위험 사회

기술 시스템이 공고화되면서 나타나는 결과들 중 하나는 위험 사회$^{\text{risk society}}$의 도래다. 위험 사회는 위험한 사회라는 뜻이 아니다. '위험'으로 번역된 'risk'는 'danger'와는 다른 개념이다. 절벽 끝은 위험하지만^{dangerous}, 위험한 줄 알면서도 꽃을 꺾으러 절벽 끝으로 다가가는 것은 위험^{risk}을 무릅쓰는 것이다. 독일의 사회학자 울리히 베크$^{\text{Ulrich Beck, 1944~}}$는 현대 기술 사회가 이와 같은 의미에서 '위험 사회'라고 진단한다.

위험^{risk}의 가장 좋은 예는 내기나 도박이다. 돈을 잃을 가능성이 있다는 것을 알지만, 돈을 딸 수 있다는 기대감이 더 크기 때문에 그 위험을 무릅쓴다. 베크에 의하면 현대 기술의 사용도 이와 마찬가지다. 핵발전소를 짓고 핵발전을 하는 것은 일종의 도박이다. 물론 관련 기술자들이 핵발전소와 핵폐기물 저장소의 안전을 위해 최선을 다하겠지만, 역사가 말해주듯 어디선가 사고가 날 가능성이 전혀 없는 것은 아니다. 다만 위험의 가능성은 비교적 적고, 핵발전을 통해 얻는 이익이 많다고 판단하기 때문에 핵발전을 계속하는 것일 뿐이다. 하지만 핵발전으로 많은 전기를 얻게 되면 전기를 많이 소모하는 방식으로 모든 시스템이 운용되게 되는데, 여기서 또 다른 위험을 감수하는 셈이 된다. 만약 핵발전소가 가동을 중지할 상황이 되면, 거기에 의존해 있던 모든 요소들이 작동하지 못하게 된다. 예를 들어 전적으로 엘리베이터에 의존해 살고 있는 고층 아파트 꼭대기 층의 주민들은 전기 공급이 중단되면 매우 난감한 상황에 처하게 된다.

이러한 상황은 현대 기술의 발전으로 인해 새로 생긴 문제다. 눈부신 기술 발전으로 사람이 할 수 있는 일도 엄청나게 늘어났는데, 그에 따라 위험도 같이 늘어나게 된 것이다. 물론 방사능 유출이나 전기 공급 중단과 같은 사태가 생길 가능성이 매우 낮기는 하지만, 기술 사회

::: 베크
독일의 사회학자, 현 뮌헨 대학 교수. 근대화, 생태학적 문제, 개인화, 세계화 등에 천착해 연구 활동을 해왔으며, 최근에는 전 지구적 자본주의 사회에서 변화하는 개인의 노동 조건과 약화되어가는 전통적인 유대 관계에 대해 많은 저술을 펴내고 있다. 대표작으로 《위험사회(Risiko gesellschaft)》(1986), 《지구화의 길(Was ist Globalisierung?)》(1997) 등이 있다.

는 이러한 위험으로 가득 차 있고, 기술 시스템이 복잡해지면 복잡해질수록 위험은 더욱 커진다. 예를 들어 은행의 전산 시스템을 생각해보자. 초기의 은행은 그냥 커다란 금고에 가까웠다. 은행을 운영하고 은행에 돈을 예치하는 사람들이 감수해야 하는 위험은 동네 은행에 강도가 들거나 천재지변이 일어나는 정도였다. 그런 일이 일어난다 해도 피해를 보는 것은 그 동네 은행에 관계된 사람들뿐이었다. 그러나 현대의 은행에서는 전산 장애나 국제 주식시장, 환율 등 이전에는 문제가 되지 않았던 수많은 요소들이 위험의 요인이 된다.

이와 같이 기술 사회의 위험은 사람들이 만들어낸 것임에도 사람들의 눈에 잘 띄지 않는다. 기술 시스템의 일부가 되어버린 사람들은 이러한 위험을 아예 의식하지 못하거나 당연한 것으로 받아들인다. 그러나 위험 사회라고 해도 모두가 똑같이 위험에 노출되는 것은 아니라는 점을 주목해야 한다. 전기에 심하게 의존하는 사회에서 정전이 일어났을 때, 부자들은 상대적으로 대비를 잘할 수 있으나 가난한 사람들은 그렇지 못하다. 따라서 재산의 보유 정도에 따른 불평등뿐 아니라 위험에 노출되는 정도에 따른 불평등도 고려해야 한다. 또 일단 그 위험이 현실로 드러나게 되면, 그것이 초래할 결과의 끝이 어디일지는 아무도 모른다. 앞 장에서 살펴본 체르노빌 사태의 예를 들면 이해는 간단하다. 일단 방사능이 유출되고 나면, 그 후유증이 언제까지 계속될지, 어느 정도의 범위로 확산될지 알 수가 없는 것이다.

기술 사회의 위험 중에는 알려진 것도 있지만 알려지지 않은 것도 있다. 핵발전소를 지을 때에는 방사능 유출의 위험 등이 알려져 있기 때문에 미리 대비한다. 그러나 최첨단 기술들은 종종 '의도하지 않은 결과'를 초래하기도 한다. 제초제가 처음 개발되었을 때에는 농부들에게 선풍적인 인기를 끌었지만, 후에 인체와 환경에 치명적인 해를 입힌다는 것이 밝혀졌다. 휴대전화를 많이 사용하면 뇌에 악영향을 준다는 보고가 있었는데 휴대전화를 개발할 당시에 이런 결과를 의도한 것은 물론 아니었다. 의도하지 않은 결과가 늘 부정적인 것만은 아니다. 아스피린은 진통제로 만들었으나 심장병에도 좋다는 것이 나중에 알려졌고, 전 세계에서 엄청난 돈을 벌어들인 '비아그라'라는 약은 심장약 개발 과정에서 우연히 발견된 것이다. 그러나 기술의 규모가 커지고 적용되는 영역도 다양화되면서 의도하지 않은 결과에 대한 우려는 점점 더 커지고 있다. 배아복제 줄기세포의 개발이나 나노 기술 개발에 대한 다양한 논의가 계속되는 것도 이러한 이유다.

이러한 위험에 대한 기술 사회의 대처 방법은 무엇인가? 여기서 우리는 다시 엘륄의 통찰력을 보게 된다. 베크가 위험 사회 이론을 제시하기 훨씬 전에 엘륄은 '기술의 자율성' 개념으로 이 물음에 답하고 있으니 말이다. 즉 한 가지 기술이 개발되고 나서 예측하지 못했던 문제점이 나타나면 그것을 해결하기 위해 또 다른 기술을 개발하고, 새로운 기술은 다시 그 자신의 문제점을 드러낸다는 것이다. 이런 식의 흐름이 기술 발전의 내적 논리가 되고 사람은 그 흐름에 따를 수밖에 없게 되니 기술이 자율적이라는 엘륄의 주장은 현실을 가장 잘 파악한 것이 되는 셈이다.

기술을 믿으라. 그리하면 구원을 얻으리라 종교가 된 기술

본의 아니게 기술의 주인이 아닌 종으로 전락한 인간. 그렇다면 기술 사회에 사는 우리들은 과연 행복한가? 왜 기술 사회는 아무 문제도 없이 돌아가는 것처럼 보이는가? 엘륄은 기술 사회가 발전하면서, 구성원들이 점차 기술의 자율성에 적응이 되고 그 자신은 수동적이 되어 기술의 발달을 당연한 것으로 받아들이게 되었다고 본다. 기술 사회의 구성원들은 기술 발전에 관한 '왜?'라고 묻지 않는다. 기술의 진보는 그 자체로 선한 것이라 믿고, 거기에 의문을 제기하는 사람들을 현실을 모르는 이상주의자나 이단자로 치부해버린다. 기술 발전은 봄이 지나면 여름이 오는 것같이 자연스러우면서도 피할 수 없는 일이기 때문에 꼭 기술 발전을 추구해야 하느냐고 묻는 것은 꼭 여름이 와야 하느냐고 묻는 것이나 다름없다.

더 나아가 엘륄은 기술 발전은 과거에 종교들이 가졌던 역할을 담당하게 되었다고 주장한다. 과거에 종교가 모든 문제에 궁극적인 해결책이 되었던 것처럼 현대에는 기술을 궁극적인 해결책으로 받아들인다는 것이다. 질병이나 육체적인 고통의 문제가 기술을 통해 해결될 것이라는 믿음은 물론이고 세계 평화와 인류의 공존을 위해서는 기술의 발전이 필수적이라는 믿음이 널리 퍼져 있다. 이러한 믿음은 인류의 진보와 기술의 진보를 동일시하는 데서 비롯된다. 기술의 진보가 필연적인 이유는 그것을 포기하면 더 나은 세상을 이루려는 노력을 포기하는 것이나 다름없기 때문이다.

그러나 이러한 믿음은 분명 잘못된 것이다. 지난 200여 년 동안의 기술 발전이 가져온 혜택을 누리는 사람들은 세계 인구의 절반도 채 되지 않는다. 세계 인구의 절반은 하루 2달러 이하의 생활비로 살아가고 있으며, 페니실린이나 소독약 같은 기본적인 의약품이 없어서 죽어가는 사람도 부지기수다. 요컨대 "기술 발전이 인간의 삶을 풍요롭게 했다"는 말은 정확하지 않다. 기술은 '일부' 사람들의 삶만 풍요롭게 했을 뿐이다. 끊임없이 지속되고 있는 기술 개발 역시 지금까지 혜택을 누린 일부를 위해서 이루어진다. 말라리아 약을 개발하면 수십만 명을 죽음의 위협에서 건져낼 수 있지만 정작 투자가 집중되는 곳은 몇 명 걸리지 않는 희귀병 치료에 관한 연구다.

물론 희귀병 치료 연구를 하는 것이 잘못된 것이라고 할 수는 없다. 그러나 기술의 발전이 세상의 부조리를 해결하는 길이 아니라 그 부조리를 철저히 답습하는 과정이라는 것을 기억할 필요가 있다. "기술이 종교가 되었다"는 말은, 조금만 생각하면 명백하게 드러나는 이런 사실을 망각하고 기술 발전 그 자체를 가치 있는 일로 여기는 현대의 상황을 묘사하고 있다.

현대 기술, 발전 안 하면 안 돼?

그렇다면 엘륄 자신의 해법은 무엇인가? 결국 비관적, 수동적이라는 비판을 피해갈 수는 없겠지만, 엘륄의 답은 대책이 없음을 인정하는 것이 최초의 대책이라는 것이다. 기술이 자율적이라는 그의 주장은 기술의 본성에 초점을 둔 것이기보다는 인간이 자유롭지 못하다는 현실 인식이다. 엘륄은 기술 사회에서 인간에게 남은 자유는 "우리가 자유롭지 못하다"고 고백하는 것이라고 주장한다. 현실이 그렇지 않은데도 끝까지 인간의 주도권을 강조하는 것은 자유롭지 않다는 사실의 반증일 뿐이다. 자유의지가 남아 있는 자만이 자신이 자유롭지 않다고 인정할 수 있다. 이 역설이 바로 새로운 시작의 출발점이라고 엘륄은 주장한다.

그래도 이론적으로 회생의 가능성은 남아 있지 않느냐고 묻는다면, 엘륄은 그게 바로 기술 사회가 유포하는 허상이라고 답한다. 그는 인간의 잠재적 능력 자체에는 별로 관심이 없다. 그가 주목하는 것은 그러한 능력을 실제로 발휘할 의지가 있는가 하는 것이다. 자유롭지 않다는 것을 인정하기 위해서는 용기가 필요하고, 그에 일관되게 행동하는 것에는 희생이 따른다.

보는 시각에 따라 이러한 주장은 지극히 추상적이고 비관적으로 들릴 수 있다. 그러나 엘륄 자신은 자신이 비관주의자가 아님을 극구 강조하고 있으며, 비관주의를 조장하려 하지도 않는다. 그는 현대 기술에는 예측하지 못한 결과가 수반되는 것을 기억하는 것이 큰 도움이 된다는 뜻으로 '긍정적인 비관주의'가 필요하다고 주장한다. 또한 기술 사회의 현실을 개혁할 수 없음을 인정하면서도 그 현실을 극복하기 위해 노력하는 것이 우리의 자유의지를 발휘하는 유일한 길이라며 이른바 '능동적인 비관주의'를 주창한다. 엘륄 자신은 이 원칙에 충실해 세계교회협의회의 일원, 보르도의 시장, 보르도 대학의 교수, 환경과 청소년 운동가 등 수많은 역할을 담당했다. 따라서 엘륄의 비관주의는 결과에 대한 비관주의이지 우리를 주저앉히는 비관주의가 아니다. 자유로운 인간은 자신의 행동이 좋은 결과로 이어지든 그렇지 않든 옳은 것을 추구할 때만 자유롭다.

엘륄은 자신의 삶을 "전 지구적으로 생각하고 지역적으로 행하라Think Globally, Act Locally!"는 잘 알려진 경구로 정리했다고 한다(이 말은 엘륄이 처음 한 말이 아니다. 환경주의자인 르네 두보스René Dubos 가 1972년에 개최된 UN 인간환경회의에서 말했다는 설과, 역시 환경주의자인 브로어David R. Brower가 환경보호 단체 '지구의 벗Friends of the Earth'을 설립하며 내건 슬로건이라는 설이 있다). 기술 사회에 대한 엘륄의 이론적 분석과 결론은 비관적이었지만, 그 결론이 그의 삶을 비관적으로 만들지는 않았다. 그는 자신이 태어나서 자란 고향 보르도에서 청소년 운동과 환경 운동에 매진하며 자기가 할 수 있는 작은 일들을 찾아 최선을 다했다. 잘만 하면 기술 사회가 인간적인 사회로 바뀔 수도 있다는 식의 환상을 경계하면서도, 각자가 자신의 자유와 존엄성을 스스로 지키려는 노력을 그치지 않았다. 엘륄의 저서를 읽고 비슷한 삶을 살기로 결심하고 지역 공동체를 위해 봉사하는 사람도 있다.

:: 두보스

프랑스 태생 미국의 미생물학자·환경학자. 현대의 르네상스인이라는 존경을 받을 정도로 다방면에서 뛰어난 통찰을 보여주었다. 미생물학 연구로 학자의 인생을 시작한 두보스는 질병 문제가 어떻게 환경과 사회적 요인 속에서 변형되는가를 깊이 파고들었고, 이를 다시 인간성과 복지 문제에 연결시켜 해석했다. 또 전 지구적 문제는 지역적인 선택과 조건에 따라 변할 수 있다는 낙관적 전망을 잃지 않았다. 대표적 저서로 《적응하는 인간(Man Adapting)》(1966), 《내재하는 신(A God Within)》(1973) 등이 있다.

"Think Globally, Act Locally"는 후에 일본 소니^{Sony}의 세계 경영 전략의 구호로도 널리 사용되었다. 기본적으로는 같은 제품을 팔더라도 각 지역의 문화와 전통, 구매자의 요구 사항에 따라 디자인이나 기능에 변화를 주어야 한다는 것이다. 현대 기술을 비판한 대표적 학자가 좌우명으로 삼은 말이 첨단 전자 기술 회사의 모토로 둔갑하게 되는 것, 그것이 바로 엘륄이 경고하는 기술 시스템의 무서운 힘이다.

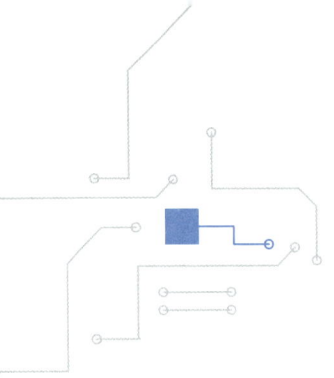

만남 5

엘륄의 동조자들

 이 장에서는 현대 기술에 대해 비판적인 시각을 가져 엘륄과 비슷한 입장이라고 평가받는 몇몇 학자들의 견해를 살펴본다. 서로 다른 배경을 가진 사상가들이니만큼 각기 다른 맥락에서 다른 이유를 가지고 현대 기술을 비판했기 때문에 엘륄의 이론을 계승했다고 볼 수는 없다. 그러나 큰 틀에서 보면 이들을 엘륄의 동조자라고 보아도 좋을 만한 이유들은 얼마든지 있다. 약간 어지러울 수도 있지만, 엘륄의 생각과 이 장에서 소개하는 학자들의 의견이 어떤 공통점과 차이점을 가지고 있는지 유심히 살펴보자. 학자들이 서로 영향을 주고받는다는 게 구체적으로 어떤 것인지, 그리고 같은 시대를 살며 비슷한 생각을 했던 사람들이 동일한 현상을 어떻게 조금씩 다르게 비교하고 분석했는지 이해하는 연습은 중요하다.

'존재의 드러냄'으로서의 현대 기술 하이데거

이전 장에서 살펴본 것처럼, 엘륄이 주장한 '기술의 자율성' 개념은 현대 기술에 대한 사회학적 관찰과 분석을 통해 기술이 사실상 자율적인 것이나 마찬가지임을 밝힌다. 이 개념은 정치·경제·사회적 환경에 대한 고려들이 복합된 것일 뿐, 기술이 '본질적으로 어떠하다'는 식의 철학적인 해명은 아니다.

그런데 엘륄과는 전혀 다른 접근을 하면서도 기술의 자율성을 주장한 것으로 알려져 있는 철학자로 독일의 마르틴 하이데거 Martin Heidegger, 1889~1976 가 있다. 하이데거는 20세기를 통틀어 가장 위대한 철학자 중 한 사람으로 엘륄과 함께 기술에 대해 비판적인 시각을 견지한 사상가로 손꼽히는 사람이다. 사실 유명세로 치자면 하이데거가 엘륄보다 훨씬 더 유명하고 잘 알려져 있다. 하이데거는 기술에 대한 비판보다는 그의 '존재철학'으로 더 널리 알려져 있는데, 철학자가 알 수 없는 소리를 한다고 놀리거나 비아냥거릴 때 예로 드는 질문인 '존재란 무엇인가?'라는 주제를 가지고 두꺼운 책과 글들을 많이 썼다. 현대 기술에 대한 비판 역시 그의 존재철학과 밀접하게 관련되어 있어 이해하기가 쉽지 않다.

:: 하이데거의 저작들

국내에 번역되어 있는 하이데거의 저작들은 다음과 같다(괄호 안의 연대는 번역서 출판 연도임). 《사유란 무엇인가》(2005), 《이정표 1·2》(2005), 《진리의 본질에 관하여 : 플라톤의 동굴의 비유와 테아이테토스》(2004), 《마르틴 하이데거 존재론 : 현사실성의 해석학》(2002), 《형이상학의 근본개념들 : 세계, 유한성, 고독》(2001), 《칸트와 형이상학의 문제》(2001), 《논리학 : 진리란 무엇인가?》(2000), 《존재와 시간》(1998), 《형이상학 입문》(1994), 《현상학의 근본문제들》(1994).

현대 기술로 인해 인간이 스스로를 대상화하게 되었다고 주장한 하이데거.

하이데거는 기술 현상에 대한 관심보다는 그런 현상이 나타나게 하는 기술의 본질이 무엇인가를 물었다. 그는 현대 기술의 본질이 '닦달 Gestell'에 있다고 답했다. 이 말의 의미는 현대 기술이 존재하는 것들의 특성과 다양한 측면들을 무시하고 그들 각각의 의미를 기술적 맥락에만 한정하는 경향이 있다는 것이다. 현대 기술은 자연에게 에너지와 원자재를 내놓으라고 강요(닦달)한다. 현대 기술 앞에서 모든 존재자는 필요하면 언제라도 갖다 쓸 수 있고 대체 가능한 '부품'이 되어버린다. 강물은 수력 댐을 통해 에너지를 공급하는 자원일 뿐이고 울창한 숲은 신문을 만들 종이의 재료일 뿐이다.

옛날의 기술은 그렇지 않았다. 농사를 지을 때 농부들은 씨에게 강요하지 않는다. 씨가 저절로 나서 자라는 것을 잘 돌보는 것이다. 강 위에 다리를 놓는 것은 강에게 무엇을 요구하는 것이 아니다. 다리는 강을 건너기 위해 만들지만 그것은 강의 아름다움을 새삼 느끼게 하고, 전에는 익명의 존재였던 강 건넛마을을 이웃으로 만들어준다. 기술은 인간이 어떤 목적을 가지고 사용하는 것이 맞지만, 동시에 그 이상의 의미를 가진다. 하이데거는 기술을 인간의 도구로 보는 인간적, 도구적 정의가 맞기는 하지만 이 정의가 기술의 본질을 보여주지는 못한다고 한다. 기술은 예술과 더불어 숨겨진 진리가 드러나는 통로, 혹은 존재가 자기 자신을 내보이는 한 방식인 것이다. 과거의 기술은 인간에게 숨겨져 있는 자연과 존재의 신비와 진리를 보여주는 통로였으나 현대 기술은 필요한 것을 내놓으라고 자연을 닦달할 뿐이다.

그러면 기술이 과거와는 달리 현대에 닦달의 성격을 가지게 된 연유는 무엇인가? 여기서 우리는 현대 기술과 하이데거 존재철학의 연결 고리를 보게 된다. 하이데거의 핵심 사상은 존재와 존재자의 구별이다. 그는 플라톤 이래로 서양의 형이상학이 언제나 존재자, 즉 '있는 것'들에 대한 것이었지 동사적 의미에서의 존재함, 즉 '있음'에 대한 것이 아니었다고 비판한다(한국어에서 '있다'가 형용사인 것과는 달리 서양에서는 동사로 취급한다). 플라톤 이래로 서양의 형이상학은 신, 인간, 자연을 인간 인식의 대상이 되는 '있는 것'들로만 파악했다. 그러면서 동사적 '있음'에 대한 관심, 즉 그 존재자가 다른 존재자들과 더불어 존재하는 방식에 대한 총체적인 이해는 점점 약해졌다. 플라톤이 모든 사물의 이데아, 곧 불변의 본성이 무엇인지를 물었던 것이나, 중세의 신학자들이 신의 본성을 탐구한 것은 '있음'보다는 '있는 것'에 치중한 대표적인 예다(하이데거의 사상에 대해서는 〈지식인마을〉 21권 《하이데거 & 후설: 현상학, 철학의 위기를 돌파하라》를 참고하라).

이러한 태도는 근대에 와서 훨씬 더 심화되었다. 근대의 사상가들은 존재자들의 존재를 가능케 하는 신비롭고 초월적인 질서나 인간의 영역을 벗어난 진리가 있음을 부인하고, 이성적인 인간 주체를 절대화했다. 존재자들의 진리를 인간이 밝혀내고, 그 상호연관성과 전체적인 질서까지 인간이 부여한다고 보기 시작한 것이다. 하이데거에 따르면 이렇게 존재의 드러냄을 망각한 것의 최종 결과가 바로 현대 기술이다. 현대 기술의 태도는 씨가 자연적으로 자라는 것을 돌보는 농부보다는 농약을 뿌리고 온도를 포함한 모든 조건을 임의로 조절해서 생산량을 억지로 높이는 식품생산 시스템에 비교할 수 있다. 이것이 바로 현대 기술의 '닦달'이다.

문제는 이 닦달의 대상이 자연만이 아니라는 것이다. 기술 사회에서는 사람들 역시 부품으로, 에너지의 출처로 전락하고 만다. 기계 부속처럼 인간도 잔뜩 쌓아놓고 필요하면 가져다 사용하고 시간이 지나면 버린다. 근대 이후의 인간은 모든 것을 지배하려 하지만, 그 지배의 대가는 자기 자신의 철저한 대상화다.

기술 사회의 끊임없는 닦달과 팽창은 어떤 특정한 사람들에 의해 조종되는 것이 아니다. 존재가 기술 시대에 자신을 드러내는 방식이 바로 이 닦달이기 때문이다. 다시 말해서 현대에는 세상에 있는 모든 것들이 기술의 부품처럼 취급받게 되었다. 끊임없는 발전의 추구 속에 사람들은 서로를 비인격적 도구로 취급하기 시작했다.

이러한 대상화는 핵폭탄이나 수력발전소 같은 기술에서만 나타나는 것이 아니다. 하이데거에 의하면, 스탈린주의나 파시즘, 나치즘도 결국 기술로 전락하고 말았다. 이 부분은 하이데거에게 매우 뼈아픈 부분인데, 그 자신도 잠깐 동안이지만 히틀러의 나치스^{Nazis}에 당원으로서 프라이부르크^{Freiburg} 대학의 총장을 지낸 일이 있기 때문이다. 이 때문에 그는 제2차 세계대전이 끝난 후 대학에서 강의를 하지 못했고, 후에 복권되었으나 곧바로 은퇴했다. 하이데거 자신은 자신이 철학적 확신에 의해 나치스에 가입한 것이 아니라 내부에서의 개혁을 추구하기 위한 일시적 시도였다고 주장했지만, 많은 사람들은 그의 철학과 나치즘의 연관성을 의심한다. 즉, 그가 적어도 한때는 존재가 나치를 통해 그 자신을 드러낸다고 믿었다는 것이다. 그러나 모두가 알고 있듯이 나치스의 유대인 대학살은 인간을 대상화하고 부품화한 전형적인 예가 되었다.

현대 기술의 닦달이 존재의 드러냄이라면, 그리고 그 존재의 드러냄을 인간이 어찌할 수 있다면 인간은 스스로를 구원할 수 있을까? 아니, 인간은 스스로를 위해 무엇을 할 수 있기나 한가? 하이데거의 해법은 상당히 우울하다. 그가 제시하는 대응 방법은 그 닦달의 과정을 겸손하게 관찰하는 것이다. 그런 와중에 혹시 존재의 진리를 알게 될지도 모른다. 그런 겸손한 태도가 인간 본연의 자세인 것이다.

기술에 대한 하이데거와 엘륄의 생각은 기술의 발전이 인간이 개입할 여지 없이 지속된다고 보는 점에서 비슷하다고 볼 수도 있다. 그러나 이런 비슷한 결론을 내는 두 사람의 접근법은 완전히 다르다. 엘륄은 현대 기술을 관찰하고 분석해 기술이 자율적임을 현실적으로 인정할 수밖에 없다고 주장한다. 반면 하이데거는 위에서 살펴본 것처럼 자신이 전개한 존재철학의 맥락에서 현대 기술의 문제를 바라보았다. 결국 그의 결론은 현대 기술이 본질적으로 인간의 손을 벗어나 있다는 것이고, 그런 점에서 현대 기술에 대한 하이데거의 입장은 엘륄의 견해보다도 더 비관적이라 할 수 있다.

새 기술과 새 과학을 향해 | 마르쿠제

독일 출신 유대인 철학자 마르쿠제Herbert Marcuse, 1898~1979는 본래 하이데거의 제자였다. 그러나 하이데거가 독일 나치스에 부역하는 모습을 보면서 하이데거와 결별하고 독일을 탈출해 미국으로 건너갔고, 제2차 세계대전 후에도 미국에서 활동했다. 하이데거에게는 마르쿠제 같은 유대인 제자들이 많이 있었는데, 그들은 하이데거의 영향을 강하게 받으면서도 동시에 인간적·학문적으로는 결별하는 애매한 관계에 놓이게 되었다.

마르쿠제는 또 마르크스의 영향도 많이 받았다. 그가 속한 '프랑크푸르트 학파Frankfurter Schule'는 소련을 중심으로 한 당시의 공산주의를 비판하면서 마르크스의 이론이 현대의 자본주의 사회에 어떤 시사점을 줄 수 있는지에 대해 연구했다. 마르쿠제가 마르크스를 재해석하려고 노력했던 점은 엘륄이 기독교인이면서도 마르크스의 자본주의 분석을 높이 평가하고 적극적인 재해석을 시도했던 것과 상통한다.

마르쿠제는 그의 유명한 《일차원적 인간One-Dimensional Man》(1964)이라는 책에서 후기 산업 사회의 구조가 개인의 자율성을 억압한다고 지적했다. 그에 따르면 산업혁명 초기까지

:: **프랑크푸르트 학파**
제2차 세계대전 이전 막스 호르크하이머(Max Horkheimer, 1895~1973)의 지도하에 '프랑크푸르트 사회연구소'에 참가한 여러 학자들과 이후 제2세대 연구자를 포함한 한 무리의 사회학자들의 모임을 총칭하는 말. 대표적인 학자로 아도르노, 마르쿠제, 벤야민, 프롬, 노이만 등을 들 수 있다. 그들은 마르크스주의의 교조적 적용에 반대하면서도, 마르크스의 사상적 원천을 계승하고자 노력했고, 여기에 프로이트의 정신분석학과 미국 사회학의 방법을 결합시켜 현대 환경을 반영하는 새로운 비판 이론을 전개하려고 노력했다.

는 시장의 구조가 복잡하지 않아서 개인들이 자신의 창의성을 발휘할 수 있었는데, 제1, 2차 세계대전 전후 대량생산 시스템이 갖춰지면서 그러한 여지는 사라지고 말았다. 후기 산업 사회에서는 기술적 합리성이 인간 삶의 모든 부분에 적용되게 되기 때문이다. 효율성을 극대화시키기 위해서는 모든 요소들이 계산되어야 하고 계산될 수 없는 것들은 없는 것으로 치부된다. 이러한 상황에서 개인의 창조성이나 자율성은 시스템의 효율적인 관리를 위해 희생될 수밖에 없다. 이렇게 창의성이 희생된 개인들을 '일차원적 인간'이라고 부르고, 이런 사람들을 양산하는 사회를 '일차원적 사회'라 부른다. 물론 마르쿠제가 궁극적으로 지적하고자 했던 것은 후기 산업 사회의 경직성과 자본주의의 모순이었지만, 그러한 문제들이 급격하게 발전한 현대 기술과 밀접하게 연관되는 것은 말할 것도 없다.

이러한 상황을 타개하기 위해 마르쿠제는 기존의 시스템에서 환영받지 못하는 소수민족, 제3세계, 의식 있는 인텔리 계층이 모여 혁명을 일으켜야 한다고 주장한다. 그 가능성을 높이 보지는 않으면서도, 마르쿠제는 이러한 혁명을 통해 보다 인간 중심적이고 덜 억압적인 새로운 과학과 새로운 기술을 개발할 수 있을 것이라고 주장하였다. 그러나 새로운 과학과 기술의 모습이 어떠한지에 대해서는 구체적으로 설명하지 않아서 아쉬움을 남겼다.

산업 사회의 모순을 해결하기 위한 방법으로 혁명을 주장한 마르쿠제.

마르쿠제는 기술의 문제를 자본주의의 문제로 환원했다는 점에서 엘륄과 차이가 나지만, 현대 기술 사회의 문제점을 지적하는 부분에서는 많은 유사점이 있다. 그러나 엘륄은 마르쿠제를 가끔 언급한 반면, 마르쿠제가 엘륄의 글을 읽었다는 증거는 없다.

'테크노폴리'에서 벗어나라! 포스트먼

닐 포스트먼Neil Postman, 1931~ 2003은 마셜 매클루언Marshall McLuhan, 1911~1980*을 잇는 미디어 사회학자이자 교육 사회학자로 명성을 떨쳤다. 특히 텔레비전이 현대 사회와 교육에 미친 악영향을 분석한 《죽도록 즐기기Amusing Ourselves to Death》(1985)와 기술 사회를 분석한 《테크노폴리Technopoly》(1992)라는 책으로 유명하다. 테크노폴리technopoly란 과학과 기술의 원리와 작동이 인간과 사회의 모든 요소에 영향을 미치는 상황을 말한다. 테크노폴리에서 기술은 더 이상 도구로 간주되는 것이 아니라 인간 삶의 조건이자 가장 중요한 요소로 승격한다. 전문가에 대한 과도한 신뢰, 기술 발전에 대한 무비판적 수용, 모든 문제를 기술적으로 해결하려고 하는 태도 등을 그 예로 들 수 있다.

기술이 인간의 사회, 경제, 문화 전반에 미치는 영향을 연구한 닐 포스트먼.

구시대의 모든 신념 체계, 습관,

혹은 전통을 대체할 기술적인 대안이 제시되었고, 또한 현재도 여전히 제시되고 있다. 환자를 위한 기도는 페니실린으로 대체되었으며, 유구한 가족의 전통은 유동성으로, 독서는 텔레비전으로, 절제는 즉각적인 만족으로, 종교적 죄의식은 심리 요법으로, 정치적 이데올로기는 과학적인 여론 조사를 통해 체계적으로 계획된 대중 선전으로 각각 대체되었다. 심지어 프로이트가 말했던 죽음이라는 고통스런 수수께끼에 관한 대안까지 마련되었다. 죽음은 늘어난 수명으로 인해 연기될 것이며, 궁극적으로는 극저온 저장술로 인해 해결될 수도 있다.   포스트먼, 《테크노폴리》

이 인용문만 보면 포스트먼의 입장이 엘륄의 입장과 별반 차이가 없는 것처럼 보인다. 그러나 엘륄이 자율적 기술 개념을 통해 현대 기술의 발전이 인간의 사회·문화·경제·윤리 등에 좌우되지 않는다는 점을 강조했다면, 포스트먼의 테크노폴리 개념은 기술 사회의 현 상황, 즉 기술이 인간의 사회·문화·경제 전반에 어떤 영향을 미치고 있는가를 서술하고 있다. 포스트먼은 사람들이 현대 기술의 영향력이 어떤 것인지를 깨달으면 현상황을 극복할 수 있다고 보고, 예술과 역사

:: 매클루언

관행적으로 '맥루한'이라 부르기도 한다. 캐나다 출신의 교육자, 철학자로 미디어 생태학(media ecology)의 창립자다. 문학 비평 이론에서 출발한 그는 미디어 이론가 및 문화 비평가로 변신하여 미국 미디어 비평과 분석의 선구자가 되었다. 1964년에 《미디어의 이해(Understanding Media: The Extensions of Man)》를 발표, 현대 미디어 이론에서 사용하는 '미디어'라는 단어와 가장 유사한 개념을 최초로 사용했다. 또 매클루언이 처음 한 말은 아니지만 그의 책 《구텐베르크 은하계(The Gutenberg Galaxy: The Making of Typographic Man)》(1962)를 통해 '지구촌'이란 표현이 널리 알려지게 되었다.

교육을 통한 '인간성의 상승'이 필요함을 강조한다.

포스트먼은 테크노폴리의 시민들이 현대 기술에 매몰되지 않기 위해서는 새로운 기술을 접할 때 다음의 질문들을 던져야 한다고 주장한다. 포스트먼은 이런 구체적인 질문들을 제시함으로써, 전체적이고도 포괄적인 주장을 하는 하이데거나 엘륄 등과 구분된다.

이러한 질문들을 통하면 현대 기술이 발전해가는 양식을 정당화하기 힘들다는 것이 포스트먼의 입장이다. 예를 들어 '왜 더 빠른 자동차나 컴퓨터를 개발해야 하는가'라고 물으면 마땅한 답이 없는 경우가 더 많기 때문이다.

도장목과 도장장이 보르크만

도대체 그래서 어쩌란 말인가? 엘륄과 하이데거는 현대 사회에서 기술이 인간의 주인이라고 주장하는 것 같다. 그래서 이들을 흔히 '기술비관론자' 혹은 '기술혐오주의자'라고 부른다. 두 사람에겐 어떻게 하면 인간이 다시 기술의 주인이 될 수 있는지에 대한 구체적인 대안이 없다는 비판이 가장 많이 제기된다. 본인들은 현실적으로 보나 철학적으로 보나 불가능한 일이라 생각되어 대안을 제시하지 않은 것인지 모르지만, 기술 사회의 어두운 면만 부각하니 힘이 빠지는 것도 사실이다. 마르쿠제나 포스트먼 역시 이런 비판에서 자유롭지 못하다. 마르쿠제는 혁명적 변화를 통해 '새로운 과학과 기술'이 나타날 수도 있다고 보았으나, 그 생각을 더 이상 구체적으로 발전시키지 않았다. 포스트먼의 교육이라는 대안도 그가 제기한 문제에 비하면 구체성이 떨어진다.

이들과 달리 기술 사회의 문제를 지적하면서 보다 구체적이고도 과격한 대안을 제시하는 학자들이 있다. 이들은 기술의 발전 속도와 규모를 지금보다 현저하게 낮추어야 한다고 주장한다. 이런 주장들이 그리 현실적이라고 할 수는 없지만, 보다 나은 세상의 모습을 그리는 것을 통해 기술 사회를 극복하려는 노력의 지향점으로 삼을 수도 있을 것이다.

기술철학자 알베르트 보르크만 Albert Borgmann, 1937~ 은 미국에서 활동하고 있는 독일 철학자다. 그는 하이데거의 사상을 미국에 전하는 데 중요한 역할을 했을 뿐 아니라, 하이데거의 기술에 대한 비판을 보다 건설적인 방향으로 발전시키려 노력한다.

보르크만은 기술의 생산이 극도로 전문화되어 기술의 사용자와 분리되었다고 지적한다. 전기의 사용이 숨을 쉬는 것처럼 자연스러워졌지만 정작 전기가 어디서 생산되어 어떤 경로를 통해 우리에게 공급되는지에 대해 관심을 기울이는 사람은 없다. 보르크만은 이런 분리가 인간다운 삶에 악영향을 미친다고 주장한다.

보르크만은 과거와 현재의 난방을 예로 든다. 옛날 벽난로에서 불을 피워 난방을 할 때 벽난로는 가족의 일상과 밀접한 관련이 있었다. 가족 모두 불을 피우기 위해 해야

인간의 창조성을 해치지 않는 범위에서 기술을 개발해야 한다고 말한 보르크만.

할 일이 있었으며, 벽난로는 가족이 모이는 장소가 되었다. 반면에 현대의 난방 시스템은 벽 속에 숨어 그 시스템과 따뜻함이라는 효용과의 연관성을 파악할 수 없고, 가족의 삶의 맥락과도 무관하게 되어버렸다. 또 다른 예로는 즉석 음식이 있다. 세계 각국의 요리를 전자렌지에 넣어 1분 만에 요리할 수 있지만, 그 요리의 사회적·문화적 맥락은 사라져버렸다. 반면에 벽난로, 전통 요리법과 같은 것들은 삶의 여러 요소들을 한곳으로 모으는 효과가 있다. 보르크만은 삶의 맥락과 동떨어진 채 효용만을 제공하는 현대 기술을 가지고는 이상적인 공동체나 인간다운 삶을 영위할 수도 없다고 주장한다. 기술과 그 혜택이 우리의 삶을 둘러싸 결국은 삶의 맥락 자체가 없어지게 되는 셈이고, 따라서 인간 고유의 의미와 가치는 사라질 수밖에 없기 때문이다.

이에 따라 보르크만은 단순 반복적이고 노동 집약적인 작업들은 기계에 의존하되, 창조적인 행위들은 되도록 인간이 직접 할 수 있는 이원적 시스템을 제안한다. 기술은 인간의 창조성과 의미를 해치지 않는 범위 내에서만 개발해야 한다는 것이다. 많이 사용하는 공산품들은 대량생산 공장에서 생산해야겠지만 숙련 노동자의 기술을 불필요하게 만드는 기계화는 지양해야 한다는 것이다.

어떤 예를 들 수 있을까? 앞에서 잠시 언급한 목도장의 예를 다시 생각해보자. 지난 몇 년 사이에 도장장이가 사라진 이유는 컴퓨터에 연결된 도장 제작 기계가 개발되었기 때문이다. 도장파기용 소프트웨어로 도장에 새길 내용을 입력하고 폰트를 정하면 프린터처럼 연결된 기계가 도장을 판다. 전에는 도장장이에 따라 조금씩 다른 도장들이 만들어졌지만 이제는 글자의 크기, 모양, 내용을 똑같이 지정해주면 판에 박은 듯 똑같은 도장이 나오게 된다.

보르크만의 주장을 적용한다면 도장목은 공장에서 대량생산하더라도, 도장을 파는 일은 컴퓨터와 목도장 파는 기계에 맡기지 말고 도장장이가 하도록 해야 한다. 그에 따르면 이러한 결정은 공동체가 의식적으로 동의할 때만 가능하며 자본주의 시장의 질서에는 위배되는 것이다. 그러나 기술에 휘둘리지 않고 인간성을 지키기 위해서는 시장이 불안정한 상태로 유지되는 게 불가피하다고 주장한다.

■ 투덜거리긴 했지만……

엘륄과 하이데거 같은 학자들은 '기술혐오주의자', 내지는 '기술비관론자'라는 비난에 시달려왔다. 이러한 비난은 정당한가? 그들이 현대 기술에 대해 긍정적인 시각을 가진 것은 아니었지만 그것을 '혐오'로 표현하는 것은 잘못이다. 그들의 우려는 충분한 근거가 있는 것이지 무조건 싫다는 의미는 아니기 때문이다. 또 만약 그들이 정말 비관주의자였다면, 왜 그렇게 많은 정성을 기울여 기술을 분석했을까? 엘륄과 하이데거를 비롯해 현대 기술에 대해 비판적인 학자들이 여러 가지 분석과 이론을 제기한 것은 기술 사회의 문제점을 드러냄으로써 뭔가 개선이 되기를 바랐기 때문이라고 생각하는 것이 더 타당하다. 이 장에서 살펴본 것처럼, 엘륄과 하이데거, 마르쿠제 등은 뚜렷한 대안을 제시하지 못했지만, 포스트먼이나 보르크만, 그리고 다음 장에서 살펴볼 여러 학자들은 선배들의 이론을 이어받으면서도 좀 더 구체적인 논의를 이끌어내려고 많은 애를 썼다. 이렇게 본다면 비관적으로 보였던 여러 분석들이 결국 긍정적이고 건설적인 결과를 낳았다는 사실을 부인할 수 없다. 그들의 투덜거림은 이유 없는 불평불만이 아니었다. 그들 나름대로의 방식으로 현대 사회를 이해하는 폭을 넓혔다고 할 수 있다.

1960~1970년대에 활발해지기 시작한 환경운동이나 적정기술 appropriate technology 개발을 위한 노력, 그리고 지속 가능한 개발 sustainable development 같은 개념들이 과학기술 정책에서 중요한 위치를 차지하게 된 것은 위와 같은 기술 비판의 영향과 무관하지 않다. 그들의 비판을 학자들의 투덜거림으로 치부할 수 없었던 것은 그들의 분석이 상당 부분 현실로 드러났기 때문이다. 앞으로 살펴보게 될 과학 기술의 민주화 노력들 역시 이 장에서 소개한 기술 비판의 연장선상에 서 있다고 할 수 있다.

이와 같은 노력에도 불구하고, 지금까지 살펴본 사상가들이 우려했던 점들이 완전히 불식된 것은 아니다. 아직도 기술에 대한 맹신은 지나치게 강하고, 그 부작용에 대한 실질적인 지식이나 성찰은 매우 부족하다. 전 세계의 여러 국가와 회사들은 기술 발전을 자신들의 지상 목표로 삼고 그 목표를 이루기 위해서는 어떠한 희생도 마다하지 않겠다는 자세로 일관하고 있다. 기술 사회의 문제점을 해결하기 위해 제시되는 방안들도 미봉책에 가까운 경우가 많다. 엘륄이나 하이데거와 같은 사상가들에 대해 알아보고 그들의 기술 비판에 대해 생각해보아야 하는 이유가 여기에 있다.

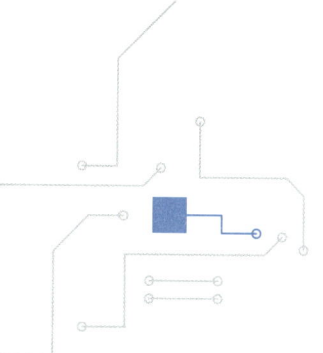

만남 6

기술, 마침내 역사의 중심으로

지금까지 살펴본 것처럼 엘륄과 토플러는 현대 기술을 통해 도래할 미래에 대해 상반된 견해를 가지고 있다. 엘륄은 산업혁명 이후의 기술이 모두 같은 성격을 가지고 있다고 보기 때문에 앞으로 기술 시스템이 더욱 공고해져서 인간의 자율성을 압살할 것이라고 생각한다. 반면 토플러는 정보화 사회로의 진입을 산업화와는 구분된 또 하나의 계기로 보고 제3의 물결이 도래하면 인간성을 회복할 수 있는 기회가 주어질 것이라고 주장한다. 그러나 이러한 기회를 강조하면서도 토플러가 마냥 낙관적인 것만은 아니라는 것은 이미 밝힌 바 있다.

흥미로운 것은 이들 사상가가 모두 민주주의에 대해 관심을 기울였다는 것이다. 즉 엘륄은 기술 사회에 대한 자신의 비관적인 전망에도 불구하고 민주주의적 가치의 중요성을 강조했다. 기술 사회에 반항하는 개인의 노력은 민주주의적 노력으로 이어져야 한다는 것이다. 인간의 자유를 중요시한 엘륄에게 민주주의의 이념은 기술 사회에 대항하는 중요한 힘의 원천이 된다. 토플러도 제3의 물결이 초래할 수 있는 몇몇 위험들을 극복하기 위해서는 민주주의적 실천이 중요하다고 보았고, 나아가 제3의 물결이 민주주의를 촉진할 수 있다고까지 보았다.

민주주의와 기술이 무슨 상관이 있는가? 아니, 정치와 기술이 무슨 상관인가? 얼핏 들어서는 좀 낯설게 느껴지지만, 지금까지 인간이 기술을 사용하느냐, 기술이 인간을 지배하느냐의 문제를 놓고 계속 이야기를 진행해왔음을 기억하자. 엘륄과 토플러는 이에 대해 매우 원론적인 입장만을 밝힌 셈인데, 최근에는 정치와 기술의 문제를 '기술의 민주화'라는 보다 구체적인 이론들로 발전시킨 학자들이 있다.

이 장에서는 이런 주장의 배경과 내용, 그리고 그 한계를 알아보도록 한다.

■ 기술은 사회적으로 구성된다 기술의 민주화 이론1

기술의 민주화란 특정 기술을 개발하는 데 있어서 시민 사회의 의견을 수렴해 반영하는 것을 뜻한다. 그러나 엘륄과 같이 기술이 자율적으로 발전한다거나 토플러처럼 왜 제3의 물결이 도래하는지는 알 수 없다고 본다면 이런 대안은 무의미하다. 사람들의 의식적인 노력이 기술 발전의 방향을 바꿀 수 없다면 민주화란 말 자체가 성립하기 힘들기 때문이다. 엘륄이 민주주의의 중요성을 역설하면서도 그것을 기술 사회의 문제와 확실하게 연결시키지 못한 것도 이런 이유에서라고 할 수 있다.

  기술의 민주화를 강력하게 주장하는 사람들은 기술 발전이 사회적으로 구성된다는 입장을 취하는 경우가 많다. 이른바 사회구성주의social constructivism 라고 하는 이 입장은 기술에 대한 분석 이외에도 다른 여러 학문 분야에 영향을 미쳤다. 기술에 대한 연구에서 사회구성주의적 입장을 잘 설명한 사람들 중에 트레버 핀치Trevor Pinch와 위브 베이커르Wiebe Bijker, 1951~가 있다. 그들은 기술의 발전이 효율성의 법칙과 같은 일정한 법칙에 의해 발전하는 것이 아니라, 여러 가지 가능한 방향 중 사회 구성원들이 선택하는 쪽으로 발전하기 때문에 우연적이라고 주장한다. 이들은 자전거의 발달에 관한 연구로 이를 입증한다.

  자전거가 처음 발명된 1800년대 후반에는 앞바퀴가 크고 뒷바퀴는 작은 자전거가 앞뒤 바퀴의 크기가 동일한 자전거보다 더 많이 판매되었다. 그렇다면 왜 전자와 같은 자전거는 사라지고 후자만 살아남았는가? 이 연구에 따르면 초기에는 자전거의 쓰임에 관한 다양한 해석 (속도 위주의 운동 기구, 안전 위주의

:: 사회구성주의

어떤 이론이나 지식이 그 자체로 순수한 것이 아니라 사회적 영향력 속에서 상호작용하며 만들어진다는 이론이다. 1970년대 데이비드 블루어(David Bloor)와 배리 반스(Barry Barnes)는 사회구성주의적 시각을 자연과학에까지 연장시켜 해석했다. 그들은 지식이 사회적 요소를 반영한다는 카를 만하임(Karl Mannheim, 1893~1947)의 지식사회학에서 출발해 과학 지식의 형성과 발전이 사회적 조건에 의해 인과적으로 설명될 수 있다고 주장했다. 나아가 과학적으로 진리로 받아들여진 것과 그렇지 않은 것은 객관적인 증명을 통해서가 아니라 사회적 역동을 통해 결정된다고 주장해 과학적 진리의 객관성 그 자체를 문제 삼았기 때문에 많은 논란을 불러일으켰다.

출퇴근용·장보기용 기구, 남성용, 여성용, 정숙하지 못한 행위 등)을 내리는 '관련 사회 집단들relevant social groups'이 있었다. 이런 해석들이 한동안 공존하다가 일련의 사회적 조정 과정을 거쳐 자전거는 위험한 운동 기구보다는 안전한 출퇴근용이나 긴 치마를 입은 여성들도 탈 수 있는 기구라는 해석이 우위를 점하게 되었다. 이런 암묵적 합의가 이루어져 자전거의 모양이 '안정기'에 접어들었고, 결국 현재와 같은 모양을 가지게 된 것이다.

즉 자전거의 앞뒤 바퀴 크기가 동일해진 것은 효율성의 법칙에 따른 것이 아니라 사회적 조정의 결과였다는 것이다. 사회구성주의자들은 기술이나 기술적 인공물에 대해 다양한 해석을 내릴 여지가 있음을 '해석적 유연성interpretative flexibility'으로 규정하고, 기술 발전은 이러한 해석들 중 어느 하나가 사회적으로 선택된 결과라고 본다.

물론 자전거의 관련 사회 집단들이 한곳에 모여 자전거의 모양에 대해 의논한 것은 아니다. 자전거의 경우 안정화 단계로 접어들기까지 암묵적이고 무의식적인 과정을 거쳤다. 기술의 민주화 주장은 이러한 사회적 선택을 공론의 장으로 이끌어낼 수 있을 것이라는 생각을

앞바퀴가 컸던 초기의 자전거가 사회적 조정의 결과로 현대와 같은 형태로 변화했다.

바탕으로 하고 있다. 이들은 사회구성주의가 기술 발전이 '우연적' 과정을 거친다고 입증함으로써 기술 자율성 이론이 틀렸음을 보여준다고 생각한다.

이 아이디어는 미국의 기술철학자 앤드루 핀버그[Andrew Feenberg]에 의해 기술의 민주화 이론으로 발전되었다. 즉 기술이 사회적으로 구성된다면, 위와 같은 사회적 선택을 암묵적이거나 무의식적인 것으로 남겨두지 말고 공론의 장으로 이끌어내자는 것이다. 예를 들어 건널목에 장애인을 위해 턱을 없애고 경사면을 만든 것은, 무심코 만들어진 도로의 디자인을 의식적인 노력을 통해 바꾼 것이다. 핀버그는 이런 방식을 통해 기술 발전의 틀 자체도 민주적으로 바꿀 수 있다고 본다.

핀버그의 스승은 마르쿠제였다. 앞서 살펴본 것처럼 마르쿠제는 혁명을 통해서만 새로운 과학과 새로운 기술이 생겨날 수 있을 것이라고 하면서도, 실제로 그런 일이 일어날 가능성은 매우 낮다고 보았다. 핀버그는 스승의 현대 기술 비판을 상당 부분 받아들이면서도 혁명이 아닌 민주적 해결의 희망을 이론적으로 정립했다. 핀버그가 특별히 비중을 둔 것은 IT 기술을 이용한 기술의 민주화 가능성이다. 상대적으로 소외되고 힘없는 이들이 인터넷을 통해 자신들의 이익을 대변할 조직을 꾸리고 보다 민주적인 기술 발전에 이바지하기를 기대했다. 또한 핀버그는 인터넷을 통해 외진 곳에 살고 있는 사람들에게도 교육의 기회를 주는 원거리 대학 강좌 프로그램을 만드는 데 깊이 관여하기도 했다.

기술은 정치적이다 기술의 민주화 이론 2

랭던 위너 Langdon Winner는 《자율적 기술 Autonomous Technology》(1977) 이라는 저서에서 기술과 기술의 산물들이 인간과 사회에 미치는 영향을 상세하고 구체적으로 지적하면서 엘륄의 '자율적 기술 autonomous technology' 개념을 상세히 설명했다. 이런 까닭에 자율적 기술 개념이 엘륄이 아닌 위너에서 비롯된 것이라고 생각하는 사람들도 많다. 물론 위너가 엘륄이 자율적 기술 개념을 통해 말하고자 한 내용을 가장 잘 이해한 것은 사실이다. 그러나 위너 자신은 기술의 자율성을 기정사실로 받아들이기보다 기술의 민주화를 통해 해결할 수 있는 문제로 보았다.

위너는 기술이 정치적이라는 사실을 이해하는 것이 기술 사회의 문제를 해결하는 관건이라고 주장한다. 그는 1930년대 뉴욕시 도시계획을 담당했던 로버트 모지스 Robert Moses가 만든 미국 롱아일랜드의 낮은 고가도로를 예로 든다. 롱아일랜

::: **위너**
랭던 위너는 렌슬러 공과대학(Rensselaer Polytechnic Institute)의 정치학과 교수로, 기술철학과 미국의 대중문화, 그리고 이론의 지속성 문제 등에 관심을 가지고 연구해왔다. 《자율적 기술》《고래와 원자로》등의 저서와 〈인공물은 정치적인가?(Do Artifacts Have Politics?)〉(1980) 등의 논문이 유명하다. 그는 음악 전문지 〈롤링 스톤(Rolling Stone)〉의 기자로도 오랫동안 활동한 독특한 경력을 지니고 있다.

::: **롱아일랜드**
미국 뉴욕주 남동부에 있는 섬으로, 면적은 4,463평방킬로미터, 길이는 길이 190킬로미터에 달한다. 대서양을 끼고 롱아일랜드 해협 사이에 위치하고 있으며 서쪽으로는 뉴욕시 브루클린과 퀸스에 면해 있다. 맨해튼과는 교량 및 터널, 페리 등으로 연결돼 있어 이를 이용해 대부분의 주민들이 뉴욕시로 출퇴근한다. 섬의 동쪽은 개발되지 않은 산림이지만, 남부 연안에는 케네디 국제공항을 포함, 여러 국립공원과 대학 등이 자리잡고 있다.

드의 좋은 해수욕장으로 가는 도로 위를 가로지르는 이 고가도로들은 너무 낮아서 버스가 지나갈 수가 없었다. 위너는 모지스의 전기 작가의 말을 빌려 모지스가 자기가 만든 해수욕장에 흑인들과 저소득층의 접근을 막고 승용차만 다니게 하기 위해 그렇게 했다고 주장한다. 나중에 위너의 해석이 정확하지 않다는 것이 밝혀지기는 했으나, 위너가 밝히고자 했던 것, 즉 다리와 같은 인공 구조물에도 인종 차별과 같은 정치적인 입장이 녹아 들어갈 수 있다는 점은 밝혀진 셈이다. 1980년대까지 지체 장애인을 염두에 두지 않고 지은 한국의 대학 건물들이나 엘리베이터를 설치하지 않았던 지하철역의 경우도 마찬가지다. 제작자들이 일부러 그런 것은 아니겠지만 이런 시설들은 결과적으로 장애인 차별이라는 정치적 함의를 갖게 된다. 기술이 정치적이라는 말은 특정 기술의 발전을 통해 사회 구성원들의 삶을 특정한 방향으로 이끌어갈 수 있는 경향이 있음을 의미한다.

이런 경향을 강조하기 위해 위너는 기술을 입법에 비유한다. 즉, 어떤 기술은 악법처럼 권위주의적이고 폭력적인 모습으로 드러나는 반면, 어떤 기술은 좋은 법처럼 민주주의적 사회를 이루는 데 도움이 된다는 것이다. 이 비유를 따르자면, 법의 지배를 받는 사람들이 법을 만드는 국회의원을 뽑듯이, 기술의 영향을 받는 사람들은 기술의 발전 과정에 참여해야 한다는 주장도 할 수 있다. 기술이 정치적인 한, 기술의 발전은 정치적으로 제어될 수도 있는 것이다. 따라서 위너는 기술 발전의 과정을 시민들의 정치적인 참여로 규제할 필요가 있음을 역설한다.

위너의 제자 리처드 스클로브$^{Richard\ E.\ Sclove}$는 스승의 주장을 보

▪▪ 1980년대까지 지체 장애인을 염두에 두지 않고 지은 한국의 대학 건물들이나 엘리베이터를 설치하지 않았던 지하철역과 같은 시설들은 결과적으로 장애인 차별이라는 정치적 함의를 갖게 된다.

다 구체적인 방법론으로 발전시켰다. 그는 직접민주주의적 시민 참여라는 원칙에 입각해 민주적 기술과 비민주적 기술을 가려서 발전시켜야 한다고 주장한다. 예를 들어 중앙집권적 방식으로 관리할 수밖에 없는 핵발전보다는 분권적, 지역적 관리가 가능한 태양열발전이 더 민주적인 기술이다. 스클로브는 지역의 독립성을 매우 강조하는데, 일정 크기 이상의 지역에서는 실질적인 민주적 통제가 불가능하기 때문이다. 또 지역 공동체에서 필요한 것 이상을 생산하기 위한 대량생산 체계도 바람직하지 않다고 본다. 대량생산 시스템은 사람의 창의력이나 자율성을 해치는 경향이 있기 때문이다.

이런 주장들은 스클로브가 제시한 민주적 기술의 디자인을 위한 잠정적인 기준으로 정리된다. 예를 들어 여러 가지 기술을 도입할 때 지역적이고 공동체적인 기술과 개인적인 기술, 그리고 좀 더 대규모의 기술들이 균형을 이루도록 해야 한다. 개인 간, 집단 간의 위계질서를 필요로 하는 기술은 피해야 하고, 무의미하고도 단순한 작업이나 인간의 자율성을 필요로 하지 않는 노동 방식도 피해야 한다. 그보다는 노동자가 일하면서 자기 계발도 할 수 있는 노동을 하도록 유도해야 한다. 지역의 독립성을 해치는 기술은 배제하고, 되도록 지역 안에서 공급과 소비가 가능한 기술을 찾아야 한다. 기술로 인해 발생할 수 있는 잠재적인 문제들을 지역에서 해결할 수 있어야 한다. 예를 들어 지역에서 감당할 수 없을 정도의 공해를 야기할 수 있는 기술은 피해야 한다.

이는 매우 과격한 해법이다. 현재 사용되는 많은 기술들, 예를 들어 자동차, 컴퓨터, 전기 시스템 등은 스클로브의 기준에 맞지 않는다. 물론 스클로브가 그런 기술들을 포기하자고 주장한 것은 아니다. 그의 제안은 새로운 기술을 개발할 때 위의 기준들에 비춰 되도록이면 지역 중심적이고 민주적인 기술을 만들려고 노력하자는 것이다.

어떻게 민주적 합의에 이를 것인가? 합의회의

핀버그의 사회구성주의적 접근이 왜 기술의 민주화가 가능한가를 밝혔다면, 위너는 기술의 정치적 특성을 밝힘으로써 민주주의의 원칙이 기술의 영역에도 적용되어야 한다고 강조했다. 엘륄과 토플러는 기술 사회에서도 민주주의의 원칙이 유용하고, 그 원칙이 기술 사회의 앞날을 긍정적으로 만드는 데 도움이 될 것이라는 원론적인 입장만 피력했다. 그러나 굳이 이렇게 복잡한 이론에 의존하지 않더라도, 왜 기술의 민주화가 필요하고 어떻게 정당화되는지 간단히 설명할 수 있다. 즉, 현대 기술은 워낙 돈이 많이 들어서 기업이나 국가가 개입하지 않고서는 개발되기 힘들고, 그 규모도 크기 때문에 만약 문제가 발생하면 수많은 사람들에게 피해를 입힐 가능성이 많다. 따라서 국민은 세금을 내는 사람으로서, 혹은 일정한 위험risk에 노출되는 사람들로서 자신들의 의지와 의견을 밝힐 권리가 있는 것이다.

그렇다면 어떤 방식으로 기술의 민주화를 실현할 것인가? 수많은 기술들이 끊임없이 개발되고 있는 마당에, 새 기술이 나올 때마다 매번 국민투표를 할 수도 없는 노릇이고, 기술 선택의 문제를 기존의 정당 중심의 선거에 연결시킬 수도 없다. 정당은 이념과 가치에 따라 모이지만, 기술의 선택에는 전혀 다른 기준들이 적용되기 때문이다. 전문가와 일반인 사이에 해당 기술에 대한 지식의 차이가 존재하는 것도 중요한 걸림돌이다.

기술의 발전을 보다 민주적인 방식으로 진행하려는 노력으로는 합의회의^{Consensus Conference}가 대표적이다. 합의회의는 특정 과학기술에 대한 상반된 주장에 대해 그 문제에 관심이 있는 시민들이 패널이 되어 토론을 하는 것을 말한다. 이들의 토론을 돕기 위해 서로 다른 입장을 가진 전문가들이 참여, 이들에게 전문적 지식을 알기 쉽게 설명하고 자신들의 견해를 밝힌다. 시민 패널은 해당 사안의 여러 가지 측면을 고려하며 서로 토론하고, 필요한 경우에는 전문가에게 추가 질문을 하기도 한다. 이런 과정들을 거쳐 시민 패널은 합의 보고서를 만들어 공개한다.

합의회의 과정에서 나온 전문가의 설명이나 질의응답 같은 것이 일반에 공개됨으로써 시민들도 패널들과 함께 주어진 문제에 대해 생각하고 판단할 수 있는 기회를 제공받을 수 있다. 또 합의회의의 조직과 운영이 충분히 중립적이라면, 합의 보고서는 정책 결정에 참고자료로서 충분히 활용될 수 있다. 이미 덴마크와 네덜란드, 영국 등에서 여러 주제를 가지고 합의회의를 개최했고, 한국에서도 시민과학센터와 유네스코 등의 주관으로 몇 번의 시도가 있었다.

이런 합의회의의 성패는 중립성을 보장하기 위해 합의회의를 주최하는 기관이 얼마나 많은 노력을 기울이는지 여부에 달려 있다. 특정한 결론을 염두에 두고 합의회의를 구성하게 되면 시민 패널의 선정이나 전문가 초청 등에 있어서 공정성을 장담할 수 없게 된다. 이럴 경우 특정한 정책적 목표를 이루기 위한 정당화의 수단으로 합의회의가 오용될 수 있다. 따라서 공정성을 확보하기 위해서는 관련 전문가와 기관들이 합의회의에서 도출되는 결론에 대해 유·불리를 떠나 열린 마음으로 받아들이고 자신들의 입장을 재검토할 준비를 해야 한다.

누가 민(民)인가? 기술 민주화 이론의 문제점들

기술의 민주화를 이루자는 주장은 얼핏 들으면 황당하고, 좀 더 들어보면 말이 되는 것도 같지만, 막상 구체적인 방법론으로 들어가면 그렇게 간단치 않다. 위에서 소개한 기술의 민주화 이론들은 여러 가지 현실적, 이론적 문제들을 가지고 있다.

가장 먼저 떠오르는 것은 역시 실현 가능성의 문제다. 엘륄과 토플러가 공통적으로 지적하고 있는 것은 기술의 지속적인 발전이 인간의 계획대로 차곡차곡 이루어지는 것이 아니라는 사실이다. 엘륄은 이를 '자율적 기술'이라 불렀고, 토플러는 '물결'에 비유한다. 기술의 민주화가 이론적으로 정당화될 수 있다 하더라도, 현재 시장의 논리에 의해 발전하고 있는 기술을 민주화시키기 위해서는 상당한 노력이 필요하다. 합의회의만 보더라도 서로 상충하는 이해를 가진 집단들과 전문가들을 어떻게 한자리에 모을 것인가 하는 문제가 있고, 시민 패널로 선정된 사람들이 과연 전체 시민을 대표할 수 있는지에 대한 의문이 제기될 수 있다. 합의회의의 결과를 정부나 기업이 어느 정도까지 수용할 것인가에 대한 의문도 있다. 아무래도 기업보다는 정부가 더 민감하게 반응할 수밖에 없지만, 정부가 합의회의의 결과를 적극적으로 받아들여 정책에 반영한 예는 그리 많지 않다.

물론 합의회의의 성공은 그 결정의 내용이 정책에 반영되는가만을 가지고 판단하기 어렵다. 합의회의를 통해 시민들이 주어진 문제에 대해서 좀 더 생각할 수 있는 기회를 가지는 것도 매우 중요하다. 세계 여러 나라에서 유전자 조작 식품, 핵폐기물, 생명공학 등의 주제를 가지고 대규모 합의회의가 열렸지만, 그 결정 사항들이 기존의 정책을 완전히 바꾼 예는 거의 없다. 오히려 소규모의 지역적 문제를 가지고 합의회의를 개최하는 경우에 즉각적인 정책으로 반영되기 쉽다. 그럼에도 불구하고 전국적 규모로 중요한 주제를 다루는 합의회의가 필요한 것은, 그것을 통해 과학기술 문제에 대한 대중적 이해를 넓힐 수 있기 때문이다. 합의회의에서 내린 결론을 정책에 얼마나 반영하는가의 문제보다는 기술 사회에서 민주주의를 어떻게 이해할 것인가 하는 문제가 더 중요하다.

현대 기술은 국경을 모른다. 앞서도 언급했듯이 인터넷은 전 세계적인 조직을 필요로 하고, 수많은 기술들이 여러 나라에서 동시에 사용되고 있다. 사실상 기술은 전 지구화를 촉진시키는 가장 직접적인 요인이라고 할 수 있다. 물론 시장경제가 전 지구화의 근본 원인이라고 볼 수도 있지만, 세계의 시장경제 역시 기술을 매개로 돌아가고 있다는 사실을 기억해야 한다. 이렇게 기술이 전 지구화를 이끄는 시대에 개별 국가의 중요성은 점점 약화된다. 이 부분은 토플러도 강조하고 있는 사실이다.

반면 민주주의는 언제나 일정한 경계와 구성원을 필요로 한다. 선거를 할 때 누구에게 투표권이 있는지 엄격하게 따지는 이유는 그 국가에 속한 사람들에게만 민주적인 권리와 책임을 부여하겠다는 뜻이다. 국가나 정치적 공동체 밖에 있는 사람들에게는 동등한 권리도 책임도 부여되지 않는다. 국제 사회에서는 민주주의가 아닌 힘의 논리가 적용된다는 말도 이와 연관이 있다. 물론 UN 같은 기구에서는 모든 나라가 한 표의 권리를 갖는다. 그러나 인구가 수십 배씩 차이가 나는 나라들이 똑같은 권리를 갖는다는 것도 생각해보면 불합리한 면이 없지 않다.

그래서 경계를 모르는 기술에 경계가 필수적인 민주주의를 적용하는 것은 쉽지 않다. 예를 들어 A라는 국가에서는 민주주의적 절차에 따라 특정 연구(예를 들어 배아 줄기세포 연구)를 금하고 B라는 국가에서는 허용했다고 하자. 나중에 B에서 개발된 기술은 불법적이건 합법적이건 A로도 얼마든지 유통될 수 있다. A의 국민들은 그 기술의 혜택을 보려고 B를 방문하게 될 수도 있다. A는 개발을 금지할 수는 있지만 그 기술의 사용을 완전히 금지할 수는 없다. 이런 이유 때문에 각국은 윤리적인 문제가 발생할 우려가 있는 기술까지도 경쟁과 선점의 논리에 의해 계속 개발하게 된다.

또 A라는 구역 안에 있는 사람들의 민주주의적 결정이 B라는 구역에 영향을 미치는 경우도 있다. 2005년 11월에 한국 최초의 중·저준위 방사능 폐기물 처리장 부지로 결정된 경주의 예가 대표적이다. 우리나라에서는 원자력발전으로 인해 생기는 방사능 폐기물을 어디에 묻을 것인가를 두고 오랫동안 갈등을 겪었다. 과거의 권위주의 정부들은 특정 지역을 지목해 폐기물을 처리하려 했지만 해당 지역의 주민들은 그것을 생존의 위협으로 받아들이고 결사적으로 저항해 무산시키곤 했다. 그러다가 1990년대 후반부터 폐기물을 유치하면 해당 지방자치 단체에 특별 재정 지원을 하기로 결정되자 갑자기 방사능 폐기물 유치가 치열한 경쟁의 대상이 되었다.

여러 가지 우여곡절과 몇 번의 시행착오를 거쳐 2005년에 도입된 방식은 방사능 폐기물 유치를 신청한 지역들의 주민투표를 통해 최종 결정을 내리는 것이었다. 해당 지역 주민의 3분의 1 이상이 투표에 참여해 과반수 이상이 찬성하는 지역들 중 찬성률이 높은 지역이 폐기물 처리장을 유치하는 방식을 채택했다. 그 결과 투표자의 89.5퍼센트가 찬성한 경주가 투표자의 80.1퍼센트가 찬성한 전북 군산을 물리치고 방사능 폐기장 부지로 확정되었다. 정부와 대다수의 언론은 국책 사업을 주민 스스로의 결정에 맡겼다는 점에 큰 의미를 부여했다.

그런데 경주시 바로 옆에 붙어 있는 울산시가 이의를 제기했다. 방사능 폐기물 처리장이 들어설 곳이 경주시와 울산시의 경계와 매우 가깝다는 것이다. 게다가 경주시의 행정구역 내에서도 폐기물 처리장과 자기의 거주지까지의 거리가 울산 시민보다 먼 사람이 많다. 방사능 폐기물 처리장 유치 시에 막대한 경제적 지원을 하는 이유는 폐기물의 위험 부담 때문인데, 상대적으로 더 큰 위험에 처해 있는 울산 시민들에게는 투표권이 없고, 행정구역상 경주시에 속했다는 이유만으로 더 멀리 살고 있는 경주

시민들에게 투표권이 주어지는 것은 부당하다는 것이다.

이 예는 기술적 문제에 대한 민주적 결정이 얼마나 어려운지를 잘 보여준다. 설사 방사능 폐기물 처리장에서의 거리를 기준으로 투표권을 부여한다 해도, 얼마만큼의 거리를 기준으로 할 것인지, 거리별로 투표권에 차등을 두어야 할 것인지 등을 결정해야 한다. 하지만 이러한 결정을 위한 객관적인 기준을 마련하는 것은 불가능에 가깝다.

▪▪ 경주 방폐장 주민투표무효 헌법소원

경주시가 중·저준위 방사선 폐기물 처리장(방폐장)으로 선정된 것과 관련, 울산 주민들이 '경주 방폐장 철회를 위한 울산준비대책위원회'를 결성하여 경주 방폐장 부지 선정 주민투표의 위헌 여부를 묻는 헌법소원을 제출했다. 경주시는 전국 네 곳의 지자체에서 실시된 방폐장 부지 선정 주민투표 결과 방폐장 부지로 선정됐으며, 경주시와 접경한 울산시는 경주가 방폐장 유치 활동을 시작한 뒤로 경주시와 갈등을 빚어왔다. 울산 지역에서도 가장 민감한 반응을 보이는 곳은 울산시 북구로, 경주시가 방폐장 유치 지역으로 신청한 양북면과 10Km 정도밖에 떨어져 있지 않다.

"주민투표법에 나와 있는 행정구역만으로 나누어 투표를 실시한 것은 실제 더 많은 영향을 받을 수 있는 울산 시민의 의견을 묻지 않은 불평등한 투표로 평등권에 위배된다"는 것이 대책위의 주장이다.

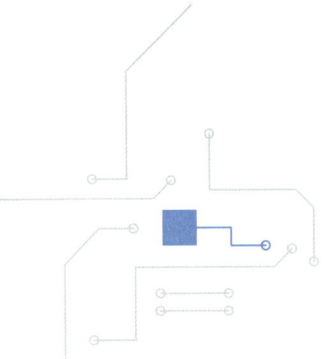

만남 7

기술 사회에 대한 다양한 도전

　기술의 민주화는 현대 기술의 문제에 대한 여러 가지 대응 중 하나일 뿐이다. 엘륄이나 하이데거처럼 기술 사회가 인간의 인간됨에 치명적인 해를 입히고 있다고까지 여기지 않더라도 현재의 기술 발전의 양상과 속도가 어떤 방식으로든 제어되어야 하고 개인들은 그 급속한 발전에 능동적으로 대처해야 한다고 보는 견해가 일반적이다. 이미 살펴본 것처럼, 토플러는 제3의 물결을 통해 좀 더 나은 세상이 올 것이라는 기대를 하면서도, 그 희망을 이루기 위해서는 기술의 발전에 슬기롭게 대처해야 한다고 생각한다.

　기술 사회에 대처하는 여러 다양한 시도가 있었는데, 이들은 다시 두 가지로 나뉜다. 앞에서 소개한 기술의 민주화 이론이나 아래에 소개할 아미시 공동체의 노력은 기술의 발전의 방향을 누가 결정해야 할 것인가에 초점을 맞추고 있다. 이는 기술의 문제에 대한 외적 접근이라고 할 수 있다. 그런데 누가 기술 발전의 주도권을 잡든지, 기술 사회의 문제를 해결하기 위해서는 기술 내적인 접근도 필요하다. 즉 기술을 보다 바람직한 방향으로 발전시키거나 제어하기 위해서 어떻게 해야 하느냐는 물음을 던질 수 있다.

이 장에서는 기술 사회의 문제들에 대응하기 위해 세계의 여러 곳에서 이미 실행되고 있거나 검토되고 있는 방법들을 알아보려 한다. 현대 기술의 사용을 억제하거나 금지하는 극단적인 방법부터, 현실적으로 기술 발달에 가장 중요한 역할을 하는 전문가들의 윤리를 강조하는 것까지 다양한 스펙트럼을 살펴보도록 하자.

옛날로 돌아가자고? 아미시 공동체의 기술 사용

엘륄, 하이데거, 포스트먼 등 현대 기술에 대해 강력한 비판을 제기한 사람들에게 늘 제기되는 질문은 "기술 발전을 포기하고 산업혁명 시대 이전의 옛날 생활 방식으로 돌아가잔 말인가?"라는 것이다. 이런 물음은 순수한 호기심에서 비롯된 것이기보다는 비난에 가깝다. 이미 우주선이 달나라까지 갔다 왔는데 이제 와서 전깃불도 없이 살잔 말인가?

답은 "아니오"다. 위의 세 사람 중 누구도 그런 의도를 가지고 기술에 대해 비판한 사람은 없다. 물론 이들이 기술 발전의 중요성과 효용성에 대해 의문을 제기한 것은 사실이지만 궁극적인 의도는 기술 발전을 중단하고 과거로 돌아가자는 것이 아니라 기술 발전을 보다 인간 중심적으로 제어하자는 것이다. 따라서 위의 학자들을 '기술혐오론자'나 '과거에 대한 향수에 사로잡힌 사람들'로 매도하는 것은 정당치 않다.

정작 그런 이름을 붙여야 할 사람들은 따로 있다. 이 사람들은 과거로 돌아가자고 크게 외치지도 않고, 기술에 대해 대단한 이론을 세상에 공표하지도 않는다. 그들은 그냥 과거에 머물러 있고, 기술에 대한 자신들의 생각을 자기들끼리만 공유한다. 미국의 재세례파再洗禮派, Anabaptists* 공동체인 아미시Amish 사람들이 바로 그들이다.

재세례파는 종교개혁을 통해 로마 가톨릭에서 독립한 프로테스탄트 교단의 한 분파다. 아미시 공동체는 재세례파 내에서도 좀 더 과격한 교단이라 하여 프로테스탄트 교단 안에서 박해를 받았다. 아미시 공동체는 1800년대 말 유럽에서 박해를 피해 미국으로 건너와 세속과의 접촉을 최소화하고 자신들의 신앙 공동체를 순결하게 유지하려 애써왔다. 이들은 주로 농업에 종사하며, 미국의 여러 지역에서 가정교회를 중심으로 공동체를 이루어 살고 있다. 가족과 교회의 공동체적 중요성을 최우선에 두고 세속에 물들지 않으려 노력한다.

::: **재세례파**
종교개혁 당시에 출현한 프로테스탄트 급진파의 하나다. 재세례파라는 이름은 신앙에 대한 자각을 갖지 못한 상태에서 세례를 받는 행위는 비성서적이라고 여겨 세례 지원자에게 다시 세례를 준다는 의미에서 붙여진 이름이다. 국가 권력의 간섭을 거부하는 등 정치·종교적 급진성 때문에 가톨릭은 물론 프로테스탄트 교단에서도 배격당했다. 현재 가장 대표적인 재세례파 집단으로는 미국에 자리잡고 있는 메노파와 아미시 공동체 등이 있다.

현대 기술을 거부한 채 살고 있는 아미시 공동체.

아미시 사람들을 소재로 한 〈위트니스Witness〉라는 영화가 1985년에 개봉되어 큰 인기를 끌었다. 해리슨 포드 주연의 이 영화는 경찰의 살인 장면을 목격한 아미시 어린이를 법정에 증인으로 세우려는 형사와 이를 거부하는 아미시 공동체의 이야기를 그렸다. 이 공동체는 세속 법정을 인정하지 않는다. 신만이 심판의 권한을 가진다고 믿기 때문이다.

아미시 공동체는 여러 가지로 특이한 점이 많지만, 자동차나 전기를 사용하지 않는다는 점은 대중적으로도 잘 알려져 있다. 여기서는 이 공동체의 현대 기술에 대한 입장만을 살펴보도록 하겠다. 지역마다 약간씩 다른 기준들을 가지고 있지만 그 기본적인 정신은 비슷하다.

아미시 공동체는 현대 기술이 자신들의 공동체에 미칠 장기적인 영향들을 끊임없이 고민하며 선별적으로 기술을 도입하려고 노력해왔다. 이들이 기술의 사용 자체를 죄악시하는 것은 아니지만 그 사용으로 인해 생길 수 있는 문제들에 민감하게 반응한다. 아미시들은 대부분 농업에 종사하면서 그 지역의 다른 사람들과 경제적으로 교류하고, 새로운 기술을 도입하기도 한다. 하지만 공동체 안에서 그 기술에 대해 논란이 생기면 장로회의에서 그 기술을 사용할 것이지 말 것인지를 결정한다. 이때 다음의 세 가지가 결정의 기준이 된다.

 첫째는 해당 기술을 사용하기 위해 세상과 지속적인 연관성을 유지해야 하는가 하는 것이다. 이들이 전기를 사용하지 않는 것도 전기를 쓸 경우 전기 공급 시스템에 항상 연결되어 있어야 하기 때문이다. 전기를 사용하지 않으므로 여러 가지 전자 제품들도 사용하지 않는다. 하지만 작은 발전기로 충전할 수 있는 배터리와 그 배터리로 작동되는 제품들은 사용할 수 있다. 우유 회사

에서 농장마다 냉장고와 우유 젓는 기계를 설치하라고 요구했을 때 오랫동안의 협상을 통해 110볼트가 아닌 12볼트 배터리로 작동하는 기계들을 설치하기로 한 예는 유명하다. 그러나 일요일에 우유 회사 트럭이 우유를 받으러 오는 것은 끝까지 거부했다. 일요일은 성경에 따라 안식해야 하는 날이기 때문이다.

둘째 기준은 그 기술이 불필요한 사용을 조장하는가다. 예를 들어 자가용이 있으면 불필요하게 돌아다니게 되고, 공동체와 가족에게 소홀해지기 때문에 많은 공동체에서 금지하고 있다. 아미시 공동체의 주요 이동 수단은 마차다. 마차로 갈 수 있는 거리 정도 이상은 갈 필요도 없다는 것이 이들의 생각이다. 그러나 콜택시나 버스를 이용하는 것은 무방하다. 사용과 소유를 분리하는 것이다. 좀 불편하기는 하지만 불편하기 때문에 엉뚱한

∷ 아미시 공동체는 현대 기술이 자신들의 공동체에 미칠 장기적인 영향들을 끊임없이 고민하며 선별적으로 기술을 도입하려고 노력해왔다.

유혹으로부터 자신들을 지킬 수 있다고 믿는다.

셋째 기준은 공동체에 해가 되느냐 안 되느냐다. 이 기준에 대해서는 내부적으로 논란이 많았는데, 그중 가장 유명한 것은 1900년대 초부터 시작되어 25년 동안 전화 사용을 두고 논란을 벌인 것이다. 사업을 하기 위해서 혹은 급한 연락을 하기 위해서는 편리하지만 그럼에도 불구하고 전화를 사용하지 말자는 입장을 가진 사람들도 있었다. 이들은 전화 때문에 공동체 내부의 대면 접촉이 줄어들고, 걸려오는 전화로 가족 생활이 방해받을 것이라고 주장했다. 외부와의 접촉이 너무 용이해져서 세속에 물들기 쉽다는 것도 한 이유였다. 오랜 논란 끝에 내린 결론은 전화를 사용하되, 전화를 집 안에 설치해서는 안 된다는 것이었다. 여러 곳에 흩어져 있는 아미시 공동체는 지역 공동체별로 다른 규칙을 적용하고 있지만, 대체로 몇 집이 공동으로 전화를 소유하고 위급한 상황이나 사업 관계로 전화를 사용하는 것은 허용되었으며, 최근에는 집 밖의 헛간에 개인이 소유한 전화를 설치하기도 한다.

아미시 공동체가 기술을 사용하는 데 제약을 두는 것은 기술 사용이 비성경적이라거나 이단적이라는 이유 때문이 아니라 공동체의 결속을 유지하고 세속과의 불필요한 접촉을 미연에 방지하려는 것이다. 교회가 전기 사용을 제한했을 당시 사람들의 반응을 통해 그들의 생각을 엿볼 수 있다.

교회가 전기 사용을 제한하기로 결정한 데 대해 한 구성원은 말했다. "전기는 세속화로 이어질 거예요. 전기를 쓰면 무슨 일이 생기겠어요? 온갖 필요 없는 것들을 쓰게 되지요. 디젤 엔진을 사용하면 우리한테 (물건들에 대한) 통제권이 더 많아져요. 만약 전기선을 연결하면, 아마 모든 전기 제품을 다 쓰고 싶어 하게 될 거예요. 아미시도 사람이라구요." 또 다른 사람은 이렇게 말했다. "우리가 반대하는 건 전기가 아니라 전기와 같이 들어오는 것들이지요. 온갖 편리한 제품들, 텔레비전, 컴퓨터 등등 말이에요. 우리가 전깃불을 설치하면, 그다음엔 어디서 멈추지요? 그때부터 변화의 바퀴가 마구 돌아가기 시작할 거예요."

도널드 크레이빌Donald Kraybill,
《아미시 문화의 수수께끼The Riddle of Amish Culture》(2001)

    이들은 자신들이 어떤 기술을 일단 사용하게 되면 언젠가 스스로를 제어할 수 없게 될 가능성이 있음을 철저히 인정하고 특별한 이유가 없는 한 사용 자체를 자제한다. 따라서 이들의 규칙들은 일정한 합의 과정을 거쳐서 결정되고 때로는 전화의 경우처럼 타협의 대상이 되기도 한다. 전화의 예에서 볼 수 있는 사용과 소유의 분리는 기술을 필요에 의해 사용하되 기술에 휘둘리지는 않겠다는 의지의 표시다. 이러한 유연성 때문에 아미시 공동체는 그 극단적인 입장에도 불구하고 최첨단 기술 시대인 21세기에도 여전히 건재하다. 실제로 높은 출산율과 낮은 이탈률 때문에 아미시 공동체의 인구는 계속 늘어나고 있다.
    아미시의 현대 기술에 대한 입장은 엘륄이나 앞으로 다룰 슈마허 같은 학자의 생각과 유사한 점이 없지 않다. 그러나 아미시의 생활 방식을 일반화할 경우 모든 사람이 그렇게 살 수 있을지는 의문이다. 이들이 고립된 삶을 고수하기는 하지만, 결국 주변의 세상과 경제적으로, 기술적으로 연결되어 있기 때문이다. 아미시 사람들 자체도 세상이 다 그렇게 되어야 한다고 생각하지 않는다. 그들의 관심은 자신들의 공동체와 신앙을 지키는 것이지, 세상을 변화시키는 데 있지 않다.

◻ 작은 것이 아름답다 슈마허

에른트스 슈마허 Ernst Schumacher, 1911~1977*는 기술 사회에 대한 과격한 대안으로 1960년대를 거쳐 1970년대에 큰 영향을 미친 비주류 경제학자다. 그는 자신의 에세이들을 모아 1973년에 출판한 《작은 것이 아름답다 Small is Beautiful》에서 소규모 공동체와 이른바 중간기술 intermediate technology 을 기반으로 하는 새로운 경제체제를 주장했다.

슈마허에 따르면 거대 기술에 기반을 둔 현대의 경제체제는 한정되어 있는 자연 자원을 마치 무한한 것처럼 거침없이 사용하고 있다. 이 체제는 당장은 효율적이고 경제적으로 보이지만 결국 파멸로 이를 수밖에 없다. 한국에서 디자인을 하고

∎∎ 슈마허

독일 태생의 영국 경제학자. 통계학과 경제학 연구에서 시작해 자신만의 경제 사상을 확립, 전 세계적으로 영향력을 행사한 사상가다. 특히 1970년대에 그 영향력이 상당했는데, 주로 서양의 경제팽창주의를 비판하고 인간적 규모의 경제로 되돌아올 것을 주창했다. 그의 대표적 저서 《작은 것이 아름답다》는 〈타임스 리터러리 서플먼트(The Times Literary Supplement)〉가 뽑은 제2차 세계대전 이후 큰 영향력을 행사한 100권 중 하나로 뽑히기도 했다.

중국에서 만들어 유럽에서 파는 중저가 의류의 예를 들어보자. 현재의 경제 구조에서는 똑같은 옷을 유럽에서 만드는 것보다 이렇게 국제적으로 만드는 것이 더 저렴할 수도 있다. 그러나 한국, 중국, 유럽을 거쳐 옷을 만들어 팔기 위해 수많은 물자를 운송하는 데 들어가는 모든 에너지의 총량을 생각하면, 당연히 현지에서 만들어 입는 것이 더 경제적이다. 이 에너지들이 석유나 우라늄같이 한정되어 있을 뿐 아니라 자연이 스스로 정화할 수 없을 정도의 공해를 일으키는 자원의 사용을 통해 생산되기 때문에, 현재의 시스템은 매우 비효율적이다.

현재의 시스템이 가지는 또 하나의 문제는 대량생산으로 엄청난 물자를 생산하면서도 분배는 효과적으로 되지 않는다는 것이다. 규모의 경제가 지배하는 현재의 경제체제는 세계의 일부 국가들에게만 이익이 될 뿐 가난한 나라들에게는 아무런 도움도 되지 않는다. 선진국이 돈을 벌어서 제3국에 원조를 하는 것은 임시방편일 뿐이다. 어떻게 하면 제3세계가 자기 발로 일어날 수 있을 것인가?

슈마허의 대안은 대량생산이 아닌 대중에 의한 생산이다. 대량생산은 기술을 이용해 소수의 사람이 많은 물자를 생산하는 것으로, 결과적으로는 더 많은 에너지를 소비하게 된다. 만약 모두가 필요한 물건을 그 지역의 재료를 이용해 스스로 만들어 사용할 수 있다면 훨씬 더 효율적일 것이라는 게 그의 생각이다. 이런 방식의 생산은 소규모일 수밖에 없고, 보다 노동 집약적일 수밖에 없으며, 간단한 기술을 가지고도 가능하다. 이 간단한 기술을 슈마허는 '중간기술'이라고 부르는데, 이는 서구의 대량생산 기술과 제3세계의 토착 기술의 중간 정도 되는 기술이다. 중간기술은 지역의 문화나 자연적, 사회적, 경제적 환경에 적합하게 설계되어 누구나 사용할 수 있지만, 기존의 것들보다는 생산력이 높다. 슈마허는 이런 기술을 개발하고 제3세계 국민들을 교육시킴으로써 세계의 빈곤 문제를 해결할 수 있다고 주장한다.

슈마허는 세계를 좀 더 아름다운 곳으로 만들기 위한 새로운 경제체제를 제안하기도 했지만, 여기서는 중간기술에 대해서 좀 더 알아보자. 중간기술의 가장 대표적인 예로 소규모 바이오가스^{biogas} 발전소를 들 수 있다. 바이오가스는 음식물 쓰레기나 사람과 가축의 분뇨(바이오매스^{biomass}라고도 부른다) 등 유기물을 쌓아두면 발생하는 메탄가스를 말한다. 1950년대부터 농촌이나 제3세계에 보급할 소규모 바이오가스 발전기의 디자인들이 계속 나왔고, 인도의 농촌에서는 실제로 바이오가스를 이용해 집집마다 부엌에서 요리할 때 필요한 에너지를 자체 공급하기도 했다. 이 발전 방법은 에너지원이 되는 유기물 쓰레기를 한곳에 모으기가 쉽지 않다는 점이 큰 문제가 되고 있는데, 에너지가 필요한 사람의 수, 필요한 에너지와 수집 가능한 유기물 쓰레기의 양, 거기서 생산되는 에너지, 바이오가스 발전기를 설치·유지하는 데 드는 비용이 균형을 이루는 것이 관건이다. 만약 바이오가스 발전기를 최대한 효율적이고도 저렴하게 만들 수 있다면 굳이 핵발전소처럼 중앙에서 공급되는 에너지를 이용하지 않아도 될 것이다. 물론 이때 공급되는 것은 살아가는 데 필요한 최소한의 에너지다. 슈마허의 이론을 당장 적용할 수 있었던 것은 제3세계였기 때문에 그는 인도 정부의 초청으로 인도의 기술과 경제

▪▪ 바이오가스 발전기를 최대한 효율적이고 저렴하게 설치·유지할 수 있다면 핵발전소 등에서 에너지를 공급받지 않아도 된다.

에 대해 자문을 하기도 했다.

최근에 대체 에너지 개발을 위한 노력이 심화되면서 세계 각국에서 여러 시도를 하고 있으나 대부분 에너지를 많이 얻을 방법에만 부심하고 있기 때문에 성공률은 별로 높지 않다. 물론 생명공학과 화학 등의 발전으로 이전보다 더 큰 효율을 기대할 수 있을지는 모르지만 선진국의 이런 노력은 중간기술로 보기 어렵다.

'중간기술'이란 용어는 나중에 적정기술appropriate technology이라는 개념으로 더 널리 알려진다. 특히 미국에서 이에 대해 많은 연구가 있었는데, 1980년대 후반에 들어서면서는 관심이 현저하게 줄었다. 적정기술은 후진국에게만 적용될 수 있는데, 후진국의 입장에서 볼 때 선진국이 낮은 수준의 기술을 공급하면서 '너희들은 이런 거나 쓰면서 대충 살아라'고 하는 셈이 되었기 때문이다. 또 적정기술을 환경오염은 없고 돈은 적게 들면서 기본적인 필요는 채워주는 기술이라고 보는 낭만적인 시각이 별로 현실적이지 않다는 사실도 드러났다. 이에 따라 1980년대 이후에는 '지속 가능한 개발sustainable development'이라는 용어가 더욱 널리 사용된다. 이는 후진국뿐 아니라 선진국들에서도 지구의 생태적 균형을 유지할 수 있는 개발만을 허용해야 한다는 의미를 가진다.

기술의 생태학 밴더버그

캐나다의 과학기술학 교수인 윌럼 밴더버그Willem H. Vanderburg는 10대에 시력을 잃은 뒤에도(사진에는 눈을 뜨고 있는 듯 보이지만,

실제로는 앞을 보지 못한다) 공학박사까지 취득한 의지의 인물이다. 그는 공학을 공부하면서 공학 발전 과정의 적절성에 대해서 끊임없이 고민했다고 한다. 이후 엘륄의 《기술 사회》를 읽고 엘륄 밑에서 공부를 하기 위해 프랑스로 건너간다. 거기서 엘륄과 인간적으로 깊은 유대를 쌓았고, 엘륄이 죽을 때까지 스승과 제자로서 관계를 지속했으며, 이후로도 엘륄의 사상을 이어가기 위해 노력하고 있다. 그 역시 엘륄의 현대 기술 사회 비판을 현장에서 보다 구체적으로 적용하는 문제에 초점을 맞추고 있다.

밴더버그는 기술의 경제학economy of technology과 기술의 생태학ecology of technology을 구분한다. 기술의 경제학은 인간의 삶과 사회, 생물권biosphere(지구상의 생물 전체)이라는 맥락을 완전히 무시한 채 생산성, 수익성과 같은 경제적인 가치만을 가지고 기술을 평가한다. 이런 흐름이 현대 과학기술의 발전을 주도하고 있는데, 이는 기술이 사회에 속하며 사회는 다시 생물권에 속한다는 것, 그리고 기술의 발전은 본래 건강한 사회와 건강한 생물권을 이룩하기 위한 것이었다는 사실을 망각한 결과다. 기술의 경제학에서는 한 가지 기술을 개발할 때 처음 목표한 단기간의 경제적 가치가 확보되기만 하면 그 기술 때문에 생기는 여러 가지 다른 문제들은 차후에 다른 방식으로 처리하면 된다는 사고방식을 취한다. 전기가 필요하면 일단 발전소를 짓고, 그로 인해 생기

:: 밴더버그

현재 캐나다 토론토 대학의 빅토리아 칼리지에서 기계산업공학과 환경공학을 가르치고 있다. 그의 대표적인 저서로는 《기술의 미로 속에서 살기(Living in the Labyrinth of Technology)》(2005)가 있다.

는 문제는 문제가 발생한 다음에 해결하면 된다는 것이다. 또 성과가치performance만을 중요시하기 때문에 인간적·사회적 가치들human social values은 무시한다. 예를 들어 어떤 제품 생산을 위한 최선의 생산 공정을 설계하려 할 때, 자본과 자재, 인력과 시간 및 에너지의 투입에 대비되는 생산물의 양이나 질은 고려하지만, 그 공정에서 일하는 사람들이 느낄 피로나 일할 의욕, 그들의 사회 생활이나 가정 생활에서의 관계들에 미치는 영향 등에는 신경을 쓰지 않는다.

밴더버그는 기술의 경제학이 장기적인 안목에서 볼 때 결코 경제적이지 않다고 주장한다. 보다 폭넓은 시각으로 기술을 발전시키고 경제를 성장시킨다면 당장은 발전의 속도가 느려 보이더라도 궁극적으로는 훨씬 더 적은 비용으로 효율적이면서도 인간적인 기술, 쾌적한 사회, 그리고 건강한 생활권을 만들어갈 수 있다는 것이다. 그는 기술 발전에 있어 인간적·사회적 가치까지를 모두 고려한 예방적 접근preventive approach을 시도해야 한다고 역설하는데, 이러한 입장을 기술의 경제학과 대비시켜 '기술의 생태학'이라고 이름 붙인 것이다.

이러한 제안은 지나치게 이상적인 것으로 들릴 수 있지만 더 이상 황당한 것으로 받아들여지지 않는다. 예방적 접근의 원리는 환경영향평가environmental assessment나 기술영향평가technology assessment 등으로 이미 제도화되어 있는 경우가 많다. 문제는 이러한 평가를 하면서 무엇을 고려해야 하고, 그것들을 어떻게 측정하느냐다. 수많은 인간적·사회적 가치들 중 어떤 것에 더 비중을 두고, 여러 가지 상충하는 가치들을 비교·조정하는 것은 쉽지 않은 일이다.

공학윤리, 생명윤리, 의료윤리

앞에서 살펴본 현대 기술에 대한 여러 가지 대응들은 아직까지 기술 사회에서 확고한 위치를 차지하지 못하고 있다. 아미시 공동체의 폐쇄적인 태도는 그들 자신들에게만 국한되어 있고, 적정기술이나 지속 가능한 개발 같은 개념, 예방적 접근과 같은 시도들에는 아직 해결돼야 할 불명확성들이 존재한다. 그에 비해 기술 발달과 기술 사용의 최전선에 있다고 할 수 있는 전문가들의 윤리에 대한 관심과 그 당위성에 대한 합의는 비교적 견고하게 자리잡았다고 할 수 있다.

이러한 흐름은 매우 당연하다. 전문가들이 각자 독자적이고도 윤리적인 판단을 내릴 수 있다면, 기술 사회의 문제들을 상당 부분 해소할 수 있을 것이기 때문이다. 이에 따라 선진국들에서는 앞다투어 공학윤리, 생명윤리, 의료윤리 교육 프로그램의 운영에 박차를 가하고 있다. 우리나라에서도 많은 대학에서 생명윤리와 의료윤리를 가르치고 있으며 공학윤리 교육도 본격화되고 있다.

이러한 시도들은 늦은 감이 있으나 매우 중요하고, 현실적으로도 가장 빨리 도입할 수 있는 대응책들이다. 그러나 이런 노력들도 엘륄과 토플러를 비롯한 많은 학자들이 지적했던 기술 사회의 문제를 해결하는 데 한계가 있다. 전문가들은 일반인들에 비해 과학과 기술에 대해 보다 많은 지식을 가지고 있지만, 그 지식이 반드시 지혜로운 판단으로 이어지는 것은 아니다. 오히려, 특정 전문가 집단의 일원으로서 자기 지식의 사용을 포기하는 결정을 내려야 할 경우에는 일반인보다 더 큰 어려움에 빠질 수도 있다. 예를 들어 원자핵 공학자는 원자력 발전에 대해 누구보다 많은 지식을 가지고 있지만, 원자력 발전을 반대하리라는 기대를 하기는 어렵다. 〈모던 타임스〉의 장면을 다시 생각해보자. 기계에 끼어 있기는 전문가나 보통 사람이나 마찬가지다. 다만 전문가는 저 안쪽의 중요한 기어들 사이에 끼어 있다는 차이만 있을 뿐이다.

 **만남 8**

생각해보는 것이 힘이다

■ 반성할 수 있는 능력

다음은 19세기 영국의 시인 코번트리 팻모어^{Coventry Patmore, 1823~1896}의 짧은 시다. 영어로 한번 읽어보자.

"I saw you take his kiss!" "'Tis true."
"O, modesty!" "'Twas strictly kept:
He thought me asleep; at least, I knew
He thought I thought he thought I slept."

〈키스The Kiss〉, 《집 안의 천사The Angel in the House》(1854)

두 아가씨(혹은 소녀)의 대화를 묘사한 이 시를 원어의 느낌 그대로 번역하기는 거의 불가능하다. 대충 내용만 보자면 이렇다.

"네가 그 사람한테 키스받는 거 봤어." "그래, 그랬지."
"어머, 내숭 좀 봐." "하지만 잘못된 건 없어.
그 사람은 내가 잠든 줄 알았거든. 아니, 적어도 나는 알고 있었어. 그가 {내가 (그가 내가 잠들었다고 생각한다)고 생각하고 있다고} 생각했다는 것을."

사랑에 빠진 사람의 마음은 복잡하다. 나의 느낌과 생각을 표현하기도 힘들고, 상대의 생각을 짐작하기는 더욱 어렵다. 때로는 불안에 떨기도 하지만, 때로는 내가 원하는 대로 넘겨짚기도 한다. 한 총각이 자고 있는 척하는 아가씨에게 키스를 한다. 총각도 아가씨가 자는 척한다는 걸 알고, 총각이 안다는 사실을 아가씨도 안다. 하지만 총각이 접근했을 때 아가씨가 벌떡 일어나거나, 키스를 했을 때 아가씨가 눈을 뜨면 미묘하고도 긴장된 사랑의 순간을 망치고 말 것이다. 총각은 키스를 한 뒤 사라지고, 아가씨는 못내 행복하다.

실컷 기술에 대해 복잡한 이야기를 하다가 갑자기 무슨 사랑 이야기인가 하는 생각이 들 것이다. 이 미묘한 순간이야말로 인간만이 가진 엄청난 능력을 잘 보여주기 때문이다. 인간에게는 자신이 무엇을 생각하는지를 되짚어 생각할 수 있는 반성^{reflection}의 능력이 있다. 나는 내가 '무슨 생각을 하는지'를 생각할 수 있다.

이러한 반성적 능력은 일차적으로는 자기 자신을 되돌아보는 것이지만 이는 그보다 더 고차원적인 사고의 능력이라고 할 수 있다. 이른바 '메타^{meta}적 사고'가 이런 능력과 연관되어 있다. 다시 말해서 우리는 어떤 사태에 대해 일정한 판단을 내린 후에,

자신이 왜 그런 판단을 내리게 되었는가를 다시 분석할 수 있다. 예를 들어보자. 누구나 길을 가다가 거리의 좌판에서 별로 쓸모 없는 물건에 마음이 끌려 구입한 경험이 있을 것이다. 그 당시에는 괜찮은 물건인 듯싶어 집어 들었는데, 나중에는 '내가 왜 그랬을까' 하는 후회가 든다. 엘륄의 책을 읽고 그의 의견에 동조할 수 있지만, 이 사람이 이런 이야기를 왜 했을까 하고 생각해볼 수 있다. 혹시 그가 살았던 보르도의 환경이 그로 하여금 기술에 대해 좀 더 비관적인 생각을 하게 만든 것은 아닐까? 또 내가 왜 토플러의 이야기에 감명을 받는지 생각해볼 수 있다. 그의 말이 맞아서일까, 아니면 내가 엊그제 방문한 유비쿼터스 체험관에서 깊은 인상을 받았기 때문일까?

반성적 능력은 사태에 즉자적으로 반응하는 것이 아니라, 그 반응에 대해 다시 생각해보는 것이다. 따라서 지식의 습득과는 다르다. 지식은 주어지는 정보를 받아들이는 것이지만 반성하는 것은 그 정보를 보다 폭넓은 시각으로 바라보는 것이다.

앞서 우리는 베이컨이 '아는 것이 힘이다'라고 한 말의 뜻이 무엇인지 살펴보았다. 자연에 대한 과학적 지식을 통해 자연을 변형시킬 수 있는 힘이 생긴다는 것이었는데, 오늘날의 문제는 그 힘의 끝이 어디인지 모른다는 데 있다. 엘륄은 베이컨이 기대한 힘이 인간의 통제를 벗어나 걷잡을 수 없는 방향으로 나아가고 있다고 보고, 토플러는 이 힘을 얼마든지 바람직한 방향으로 이어갈 수 있다고 본다. 기술의 민주화 이론은 엘륄의 우려를 반영하면서도 토플러의 낙관적 태도를 이어받았다고 할 수 있다. 그러나 기술 사회의 현실을 고려하면 민주주의적 절차를 기술적 결정을 내리는 데 적용하는 것이 그렇게 간단한 문제는 아니다. 따라서 기술의 민주화를 일정한 공동체에 속한 사람들이 투표와 같은 절차를 통해서만 이룰 수 있는 것으로 보기보다는 좀 더 넓은 의미로 해석할 필요가 있다.

다시 말해서, '생각해보는 것도 힘이다.' 기술 사회의 구성원 모두가 현대 기술에 대한 깊은 숙고를 통해 보다 바람직한 기술상에 대한 큰 그림을 그리는 방식으로 민주화를 생각해볼 수 있다. 시민들이 기술 개발과 그 결과에 대한 판단을 전문가에게만 맡기지 않고, 시장에서도 새로운 기술들이 쏟아져 나올 때마다 하나하나에 폭발적으로 반응할 게 아니라 좀 더 비판적인 자세, 즉 반성적인 자세를 가지면 좋을 것이다. 엘륄의 경고도 결국은 이렇게 정제된 자세를 촉구하는 것으로 볼 수 있으며, 토플러가 미래학이라는 이름으로 대중들에게 다가서는 것도 다가오는 새로운 물결에 마구 휩쓸리기보다는 능동적으로 대처해야 한다는 조언일 것이다.

사랑한다며 서로에게 마구 덤벼드는 연인들의 사랑은 화끈할지는 모르나 오래가기 힘들다. 좀 심하게 말하자면 그런 사랑은 동물적이다. 약간의 긴장과 기대, 추측과 고민이 뒤섞여 밤을 지새우는 사랑은 당시에는 좀 괴로울 수도 있지만 더 오래 지속될 가능성이 크다. 기술의 발전도 마찬가지다. 산업혁명의 흥분을 아직까지도 이어가려는 사람들은 매일매일 새로 나오는 기술들에 열광하고 또 열광한다. 그러나 아무리 교묘하게 감추어져 있다 해도 기술 발전의 어두운 면모들을 완전히 외면할 수는 없다.

현대 기술의 약속들을 그대로 믿지 말고 약속의 당사자로 나서보자. 약속의 내용이 무엇이고 그것이 제대로 지켜질 수 있는지 차가운 이성으로 검토하자. 그렇게 하면 엘륄이 우려한 세상은 영영 오지 않을지도 모른다. 토플러의 미래는 좀 더 인간적이 될지 모른다. 점쟁이의 부적만을 찾으려 애쓸 필요가 없다. 기술 사회를 살아가는 우리 안에 해결책이 있다.

'이상적인 사회'는 어떤 사회며, 기술과는 무슨 상관이 있는가?

해가 뜨면 일하고
해가 지면 쉰다
우물 파서 마시고
밭 갈아서 먹으니
제왕의 힘인들 어찌 내게 미치리오 〈격양가擊壤歌〉

그때에는 이리가 어린 양과 함께 살며, 표범이 새끼 염소와 함께 누우며, 송아지와 새끼 사자와 살진 짐승이 함께 풀을 뜯고, 어린아이가 그것들을 이끌고 다닌다.

《구약성서》〈이사야서〉 11장 6절

당신이 원하는 이상적인 사회의 모습은 어떤 것인가? 임금이 있는지 없는지도 모르고 임금의 필요조차 느끼지 못하는 태평성대였다는 요순堯舜 시대를 원하든 새끼 사자와 송아지를 같이 묶어서 어린아이가 끌고 다니는 평화가 극에 달한 세상을 원하든 그

만남 • 155

건 별로 상관이 없다. 문제는 이상적인 사회는 어떤 곳이겠는가에 대한 생각을 해본 일이 있느냐 하는 것이다.

지금까지 기술에 대한 논의들을 살펴보면서 별로 부각되지 않은, 하지만 중요한 시각 하나를 짚어보자. 바로 좋은 세상, 이상적인 사회의 모습이 어떤 것일까 하는 물음이다. 엘륄의 이론이 주로 우리가 원하지 않는 사회의 모습에 대한 경고라면, 토플러의 견해는 앞으로 다가올 미래에 대한 준비를 도우려는 목적을 지니고 있다. 그러나 이들 둘 다 우리가 어떤 사회를 원하는지, 혹은 원해야 하는지에 대해서는 구체적인 언급이 없다. 이는 이 책에서 소개한 다른 학자들의 경우에도 마찬가지여서 슈마허를 제외하고는 정확히 어떤 사회가 바람직하다고 보는지 명확하게 밝히지 않았다.

기술도 사회와 문화의 한 부분임을 고려하면, 이런 현상은 그리 바람직한 것이 아니다. 기술의 발전이 필요하다면 그건 좀 더 나은 세상을 만들기 위한 것일 테다. 현대 기술에 대해서 비판적인 태도를 가지고 보다 발전적인 방향으로 나아가려면, 별로 현실적이지는 않더라도 내가 원하는 세상이 어떤 것인지 생각해보아야 한다. 민주적으로 기술을 제어하기 위해서도 이상적인 사회에 대한 그림을 마음속으로나마 가지고 있는 것은 매우 중요하다. 목표가 불분명하면 추진력이 약해질 수밖에 없기 때문이다.

이는 일반인들뿐 아니라 과학자와 공학자들에게 더욱 중요하다. 전문가들은 기술 발전의 방향 설정에 있어 남들과는 비교가 되지 않을 만큼 중요한 역할을 수행하고 있다. 따라서 개인적으로 이상적인 사회가 어떤 모습일지에 대한 고민이 있어야 하고,

자신들의 일이 자신들이 생각하는 이상적인 사회의 모습과 어떻게 연관되는지 규명해보아야 한다. 나아가 필요에 따라서는 자신의 생각을 남들에게 설명하고 그들을 설득시킬 수 있는 능력을 가져야 한다. 이 경우 이상적인 사회에 대한 상상은 요순시대나 성경에서 묘사하는 천국의 모습보다는 훨씬 더 구체적이어야 할 것이다.

100년 후 인간 사회의 모습은 어떨 것인가? 과연 '인간 세계'가 남아 있기는 할까? 우리는 100년 후의 인간 사회가 가질 모습에 약간이라도 영향력을 미칠 수 있을까? 분명치 않은 목소리이긴 하지만, 엘륄도 토플러도 '그렇다'고 생각하는 듯하다. 비록 엘륄은 미래에 대한 희망을 별로 표하지 않았고 토플러는 미래가 우리에게 '물결처럼' 밀려오는 것으로 보는 경향이 있지만, 결국 이들이 기술과 미래에 대해 계속해서 자신들의 의견을 우리에게 내놓는 이유는 미래는 우리가 만들어가는 것이라는 확신을 가지고 있기 때문일 것이다.

엄청난 속도로 우리를 압도하는 현대 기술은 이제 인간의 손을 벗어났는지도 모른다. 그러나 100년 후에 이루고 싶은 우리 사회의 이상적인 모습을 상상하고 그것을 꿈꿀 수 있는 바로 그 능력은 아무리 발달된 기술로도 모방할 수 없을 것이다.

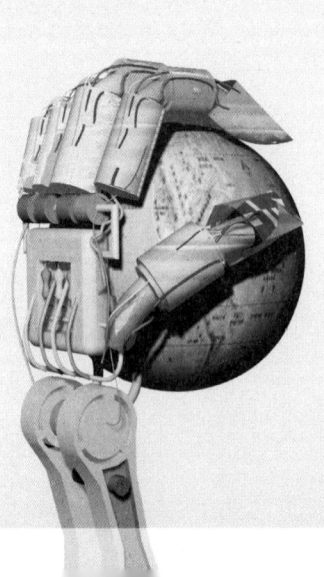

Alvin Toffler

Chapter 3

🎙 대화
TALKING

줄기세포 연구에 관한 주제로
지식인마을 최초의 합의회의가 열렸다.
스클로브가 사회자로 나선 가운데
엘륄과 토플러가 전문가로서 상반된 주장을 펼친다.
많은 청중 속에는 이들의 주장을 듣기 위해 참석한
하버마스와 마르쿠제, 위너의 모습도 보인다.
엘륄이 먼저 줄기세포 연구에 반대를 표명하고
이어 토플러의 반박이 이어지는데……

Jacques Ellul

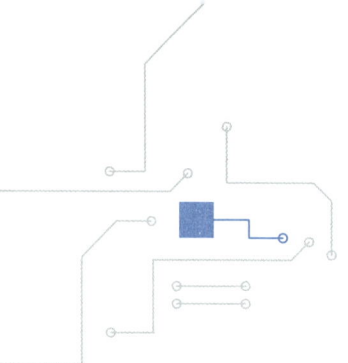
 대화

복제 배아 줄기세포 연구 계속할 것인가, 말 것인가?

합의회의

지식인마을에서 '체세포 복제 배아 줄기세포 연구를 계속 진행할 것인가?'를 주제로 합의회의를 열었다. 합의회의에 시민 패널로 참가한 이들은 이미 첫날 체세포 복제 배아 줄기세포 연구의 내용과 중요성, 문제점에 대해 기본적인 교육을 받았다. 오늘은 의견을 달리하는 전문가들이 나와 서로 토론하고 시민 패널들의 질문을 받는 '시민–전문가 토론' 프로그램이 진행 중이다. 전국적인 관심을 끄는 문제이기 때문에 텔레비전으로도 생방송이 되고 있다. 음악과 함께 대형 스크린에 오늘의 주제 문구가 선명해지면서 합의회의가 시작된다.

|스클로브| 안녕하십니까? 합의회의에 참석하신 여러분 환영합니다. 저는 사회를 맡은 리처드 스클로브라고 합니다. 여러분도 아시다시피 2005년과 2006년은 황우석 전 서울대 교수의 맞춤형

체세포 복제 줄기세포 논문 조작 사건으로 매우 시끄러웠습니다. 서울대 조사위원회의 조사와 검찰 수사를 통해 줄기세포는 수립되지 않은 것으로 드러나 그동안 난치병 치료에 큰 도움이 될 것이라고 믿었던 줄기세포 연구에 큰 차질이 생겼습니다. 그러나 황우석 전 교수의 부정이 드러나기 전에도 체세포 복제 줄기세포 연구에 대해서는 이미 여러 가지 논란이 있었습니다. 세계 각국에서는 황 전 교수가 시도했던 것과 같은 연구를 법으로 금지하고 있고, 한국에서도 생명윤리법이 만들어졌습니다. 그러나 황 전 교수의 연구가 경제적으로 큰 이익을 가져올 것이라는 판단하에 몇 가지 예외 조항을 통해 이 연구를 허락했고, 이후에도 국가적인 지원이 집중되었습니다. 황 전 교수가 국민들에게 멋있는 말도 많이 하고 세계 최초의 체세포 복제 줄기세포를 수립했다는 내용의 논문을 세계적인 과학학술지 〈사이언스^{Science}〉에 발표, 연거푸 잡지 표지를 장식하면서 국가적 영웅으로 떠오른 것도 사실입니다. 이런 와중에 논란의 소지가 많은 이 연구에 대한 국민적인 합의 과정은 생략되었습니다. 이제 황 전 교수의 논문은 거짓으로 판명되었고, 모든 것이 원점으로 돌아왔습니다. 국민들 중에는 부정 사건에도 불구하고 황 전 교수팀이 쌓은 기술과 연구 결과들을 최대한 활용해서 체세포 복제 줄기세포 연구만은 계속해야 한다는 의견이 있지만, 이번 기회에 이 연구의 타당성과 정당성 여부를 다시 논의해야 한다는 목소리도 있습니다. 황 전 교수의 연구에 모두가 기대를 걸고 있을 때 우리나라를 휩쓸었던 국민적 흥분은 이제 가라앉았기 때문에, 합의 회의를 통해 보다 심층적으로 고민할 절호의 기회가 왔다고 할 수 있겠습니다. 오늘 합의회의에서는 이 문제에 대해 서로 다른 의견을 가지고 계시는 두 분의 전문가를 모시고 말씀을 듣겠습니다. 기술 사회에 대한 강력한 비판을 해오신 자크 엘륄 선생님과 2006년에 다시 역작 《부의 미래》라는 책을 펴내신 앨빈 토플러 선생님이십니다. 여러분 박수로 맞아주십시오. (좌중 박수) 두 분 말씀을 듣기 전에, 먼저 체세포 복제 줄기세포에 대한 설명을 간략하게 드려야겠습니다. 물론 여기 시민 패널들께서는 이미 이에 대한 자세한 설명을 듣고 충분한 지식을 가지고 계십니다만, 오늘 전문가 초청 토론회는 전국에 생방송되고 있기 때문에 배경 설명이 좀 필요할 것 같습니다. 준비된 비디오를 잠시 시청하시겠습니다.

스튜디오 전면에 설치된 스크린을 통해 영상이 시작된다.

 영상에서 나오는 내레이션

줄기세포 stem cell 란 인체의 여러 조직으로 자랄 수 있는 잠재력을 가진 세포입니다. 이 세포를 이용하면 여러 가지 불치병들을 고칠 수 있습니다. 예를 들어 신경이 손상된 곳에 이 줄기세포를 뿌려주면 이것이 신경세포로 자라나 병을 고치게 되는 것이지요. 줄기세포를 얻는 방법은 여러 가지가 있는데, 그중에 하나가 수정된 난자에서 추출하는 것입니다. 우리 모두 난자와 정자가 결합한 세포 하나가 분화되어서 오늘의 모습을 가지게 되었다는 것은 모두 알고 계실 겁니다. 수정된 난자가 며칠 동안 분화되면 배반포기胚盤胞期라는 단계에 이르게 되는데, 이것이 그대로 자라면 아기가 됩니다. 그런데 이 수정란의 일부를 떼어내어 따로 키우면 줄기세포를 얻을 수가 있습니다.

그러나 수정란을 구하기란 쉽지 않지요. 불임부부들을 대상으로 인공수정을 시도한 뒤 남은 수정란이나 난자를 이용해 줄기세포를 얻을 수 있지만 그 수는 매우 한정되어 있고, 인간이 될 가능성이 있는 세포를 파괴한다는 부담을 안게 됩니다. 그런데 황 전 교수가 연구한 것은 핵을 제거한 난자에 환자의 체세포를 주입하고 전기 충격을 주어 난자가 분할되면 여기서 줄기세포를 얻어내는 방법입니다. 이 경우에 정상적으로 정자와 수정된 것이 아니기 때문에 수정란 파괴에 대한 부담을 일부 덜 수 있고, 난자의 핵을 제거한 뒤 환자 체세포가 주입되었기 때문에 얻어지는 줄기세포의 DNA는 체세포의 DNA와 동일하게 됩니다. 따라서 환자에게 이 줄기세포를 이식했을 때 아무런 부작용이 없습니다. 그래서 '맞춤형'이라고 합니다.

문제는 이 수정란이 정상적으로 정자와 결합해 수정된 난자와 동일하게 발달하기 때문에 이 수정란을 여성의 자궁에 안착시키면 이론상 사람으로 자라날 수 있다는 것입니다. 유명한 복제양 돌리와 복제개 스너피가 모두 같은 방식으로 태어났으니까요. 그래서 줄기세포를 얻기 위해 수정란을 파괴하는 것이 생명을 죽이는 것인가에 대한 윤리적 논란이 있습니다. 또 난자의 핵을 제거하고 체세포를 주입해 키우는 과정에 실패율이 크기 때문에 많은 난자가 필요한데, 이를 어떻게 조달할 것이냐의 문제가 있습니다. 황 전 교수의 경우 많은 여성들로부터 난자를 제공받았는데, 난자 제공에 따르는 여러 가지 부작용을 설명하지 않고, 돈으로 대가를 치른 적이 있어 문제가 되었습니다. 이런 행위는 생명윤리법을 위반한 것입니다.

|스클로브| 황 전 교수의 연구는 거짓으로 드러났습니다. 그러나 누군가 이 연구를 계속 진행해야 할까요? 황 전 교수는 법을 어겼습니다. 그러나 법을 어기지 않는다면 이 연구를 계속 수행해도 되는 것일까요? 이것이 이번 합의회의의 주제입니다. 먼저 엘륄 선생님과 토플러 선생님의 기조 발언을 듣고, 상호토론과 질의응답을 하도록 하겠습니다.

|엘륄| 예, 안녕하십니까? 제가 생전에 한국에 대해 관심은 있었습니다만 한 번도 못 와봤는데 한국과 관련된 토론에 이렇게 초청해주셔서 감사합니다. 사실 저는 이런 합의회의를 통해 뭔가 긍정적인 결론이 나올 것이라는 기대는 별로 하지 않습니다. 민주적인 대화를 하려고 노력해도 자본의 힘과 기술에 대한 막연한 환상 때문에 배아 줄기세포도 언젠가는 개발될 것이라고 생각합니다. 오늘 전국으로 생방송이 되는 것도 다행스럽게 생각하지만 인기 개그 프로인 〈죽도록 즐기기〉와 같은 시간에 방영

되고 있으니 얼마나 많은 분들이 볼지도 모르겠고요. (이때 방청석에 있던 포스트먼, "어! 내가 쓴 책 제목이랑 같네!"하며 실소한다.) 하지만 생각이 있는 사람이라면 이런 기술의 개발은 반드시 막아야 하고, 민주적인 방법으로 이런 문제에 대해 토의하는 것은 실효성과 무관하게 의미 있는 일이라고 생각합니다. 이상이 실현되지 못한다고 해서 이상적이기를 포기한다면 진정한 인간이기를 포기하는 것입니다. 제가 참석한 것도 이런 노력을 격려하기 위해서입니다. 사설이 길었네요. 체세포 복제 줄기세포에 대해서 한마디로 말하자면, 이런 연구는 중단되어야 합니다. 제가 현대 기술에 대해서 좀 부정적이기는 합니다만, 모든 기술 개발이 중단되어야 한다고 주장하는 건 아닙니다. 이 점을 꼭 좀 유념해주시고요. 하지만 인간이 기술 사회에서 진정한 자유를 획득하기 위해서는 개발하지 말아야 할 기술은 포기할 용기가 있어야 합니다. 물론 한국에서 안 하면 다른 나라에서 할 수도 있지요. 그래서 경제적 손해를 가져올 수도 있습니다. 그래도 포기해야 합니다. 이유는 간단합니다. 이 기술은 통제가 불가능하기 때문입니다. 통제가 불가능하다는 말은 여러 가지로 해석할 수 있는데, 이 부분은 앞으로 이야기가 진행되면 좀 더 자세히 말씀드리겠습니다.

|스클로브| 엘륄 선생님, 감사합니다. 제 스승이시고 오늘 방청석에도 나와주신 위너 선생님도 그렇게 생각하시겠지만, 이번 합의회의를 기획한 저로서는 엘륄 선생님의 일관적인 비관주의 때문에 좀 힘이 빠집니다. 그래도 민주주의의 힘이 현대 기술을 올바

른 방향으로 나아가게 하는 데 좀 도움이 되지 않을까요?

|엘륄| 제 말씀은 전혀 도움이 안 된다는 게 아니라…….

|스클로브| 잠깐만요, 선생님. 죄송합니다. 일단 토플러 선생님의 말씀부터 듣고 계속하도록 하겠습니다.

|토플러| 에…… 존경하는 엘륄 선생님, 그리고 저를 오랫동안 사랑해주신 지식인마을 여러분 안녕하십니까. 오늘 이런 자리에서 말씀드릴 기회를 갖게 된 점 영광으로 생각합니다. 그동안 여러 모임에 참석했습니다만, 오늘 이 자리는 매우 특별한 것 같습니다. 기술 개발을 할 것이냐 말 것이냐에 대한 시민 참여 모임이라……. 사실 제가 책을 좀 많이 팔았습니다만, 이런 가능성보다는 엘리트의 중요성을 강조했거든요. 우선 황우석 전 교수의 사건에 대해서 한국 국민들께 깊은 위로의 말씀을 드리고, 제 개인적으로도 매우 유감스럽다는 점을 밝힙니다. 사실 지난번 한국 방문 때 제가 황우석 교수와 복제개 스너피를 만났습니다. 스너피는 진짜로 복제된 개라는 거 아시죠? 여하튼 그 자리에서 제가 스너피의 대부가 되기로 했었답니다. 제3의 물결을 이끌어갈 핵심 기술을 상징하는 결과물이라고 생각했기 때문입니다. 이후의 여러 사건들 때문에 스너피의 가치마저 폄하되는 것 같아 안타까울 뿐입니다. 저는 황 전 교수가 대단히 큰 잘못을 저질렀다고 생각합니다만, 스너피의 대부가 된 것을 후회하지는 않습니다. 엘륄 선생님이 어떻게 생각하실지는 모르겠습니다만,

선생님의 이론과 제 생각 사이에는 상당한 공통점이 있다고 봅니다. 우선 현대 기술 발전의 흐름은 제어하기 힘들다는 것입니다. 저는 그것을 물결이라 칭했고 선생님은 기술이 자율적이 되었다고 하셨는데 내용적으로 비슷한 것이 아닌가 생각합니다. 물론 결정적인 차이가 있는데 저는 제3의 물결을 우리가 함께 준비해야 할 것으로 보고 엘륄 선생님은 자율적 기술이 인간의 자율성을 해친다고 보시는 것이겠지요. 또 다른 공통점은 이런 합의회의를 한다고 해서 별다른 실효를 거둘 수 없을 거라는 점입니다. 엘륄 선생님께서는 자율적 기술의 발전 방향을 현실적으로 되돌릴 수 없기 때문이라고 하시는데, 저 역시 제3의 물결은 이미 시작되었고 되돌릴 수 없다고 봅니다. 차이가 있다면, 전 되돌려야 할 이유를 잘 모르겠다는 것이지요. 이쯤 이야기하면 짐작하시겠지만 저는 배아 줄기세포 연구가 누군가에 의해 계속되어야 한다고, 아니 지속될 것이라고 생각합니다. 물론 여러 가지 문제들이 뒤따를 것입니다. 그런 문제들에 대해서는 제가 이미 책에 다 썼습니다. 사실 엘륄 선생님이나 저기 앉아 계신 하이데거, 마르쿠제 선생님, 그리고 포스트먼 교수만 새로운 기술의 문제점에 대해서 걱정하시는 건 아니거든요. 하지만 그런 문제들은 제3의 물결 시대에 사는 사람들이 머리를 맞대고 풀어야 할 문제이지 기술 발전을 중단할 이유는 아니라고 봅니다.

|하이데거| (방청석에서) 이보게, 토플러 선생. 나는 걱정을 하는 게 아니라네. 자네하고 나는 사유의 차원이 달라. 나는 존재의 역사라는 차원에서 현대 기술을 보고 있는 거야.

|스클로브| 네, 감사합니다. 오늘 전문가 패널의 특징은 우리 합의회의의 무용론을 주장하시는 거네요. 뭐 농담입니다만, 상처 받았습니다. 이제 토론을 진행하도록 하겠습니다. 주로 문제를 제기하시는 것은 엘륄 선생님이시니까 먼저 말씀하시죠.

|엘륄| 먼저, 스클로브 선생이 상처 받았다고 하는데, 그럴 필요 없습니다. 나는 민주주의의 가치를 부정하거나 합의회의의 의미를 폄하하는 것이 아닙니다. 단지 이런 시도로 기술 사회의 견고한 틀이 깨어질 가능성은 거의 없다는 것이지요. 토플러 선생이 자기 이론이 내 것과 비슷하다는 이야기를 했는데, 일면 동의합니다. 그러나 나로서는 기술의 발달이 '물결'로 들이닥치는데 거기 대응하는 방식이 둑을 쌓는 것이 아니라 서핑을 하자는 것이라는 게 좀 황당하게 느껴지는데요.

|토플러| 선생님, 무너질 둑을 쌓으면 뭐 합니까? 더구나 선생님도 둑 쌓아봐야 안 된다고 하시잖아요. 새로운 시대에 어떻게 잘 적응할 것인지 방법을 찾아야죠.

|마르쿠제| (방청석에서) 아니, 아니, 그런 식으론 안 돼요. 혁명이 일어나야 돼. 완전히 새로운 과학과 기술을 만들어야 한다고. 둑은 뭐 하러 쌓고 서핑은 왜 해? 물길을 돌려, 물길을…….

|스클로브| 너무 비유로만 말씀하시지 말고 본론으로 들어가시는 게……. 그리고 방청석에서 그렇게 무질서하게 말씀하시지 말고

요. 이따가 따로 시간을 드리겠습니다.

|하이데거·마르쿠제| (방청석에서 불만 어린 표정으로) 우리가 언제부터 이런 대접 받고 살았나……. 이거 원 참.

|엘륄| 알겠소. 그럼 말하리다. 체세포 복제 줄기세포 연구가 통제 불가능이라는 것은 여러 가지로 해석할 수 있어요. 우선 이 기술이 반드시 난치병 치료라는 선의의 목적만을 달성하는 것이 아니라 이런저런 방식으로 악용될 소지가 있다는 점입니다. 예를 들어 복제 배아를 그대로 자궁에 착상시켜 아기가 태어날 수도 있고, 그나마 그 아이를 키우면 좋지만 장기 이식이나 기타 사적인 목적을 위해 사용할 수도 있습니다. 이런 부분들을 국가가 통제할 수 있을 것이라고 생각하십니까? 토플러 선생도 말한 것처럼, 미래 사회는 국가보다는 개인을 중심으로 움직이게 될 것입니다. 강력한 법적 제도로 기술의 사용을 제어할 수 있다고 생각하는 것은 오산입니다. 저는 옛날부터 기술의 선용과 악용을 분리해서 생각할 수 없다고 주장해왔습니다. 기술의 예측 불가능성, 즉 의도하지 않은 결과가 나올 가능성 또한 문제입니다. 줄기세포를 통한 치료는 지금까지 상상도 할 수 없었던 새로운 영역입니다. 그 치료가 어떤 부작용을 초래할지에 대해서는 아무것도 알려진 바가 없습니다. 이에 대해서 토플러 선생의 입장을 듣고 싶군요.

|토플러| 아까도 말씀드렸듯이 어느 정도의 부작용은 피할 수도 없

고, 저도 마냥 장밋빛 미래만을 기대하는 건 아닙니다. 실제로 제1의 물결과 제2의 물결이 충돌할 때 엄청난 전쟁과 기아, 파괴가 동반되었습니다. 물결의 충돌은 그렇게 낭만적이지 않습니다. 문제는 그렇다고 해서 이 충돌을 피할 수도 없고, 새로운 물결이 일어나는 것을 막을 수도 없다는 것입니다. 지금 우리가 생각해야 하는 것은, 체세포 복제 줄기세포 관련 기술 발전을 포기해야 할 것인가가 아니라, 이걸 어떻게 효과적으로 이용할 것인가입니다. 한국은 작은 나라이기 때문에 오늘 우리가 벌이는 논란에 대해서 결론도 빨리 내릴 수 있을 겁니다. 하루속히 결론을 내리고 개발에 들어가야 합니다. 이는 경제적인 이유도 있지만 제3의 물결을 누가 주도할 것인가의 문제이기도 합니다. 물론 엘륄 선생님 말씀처럼 오용 가능성도 있겠지요. 그러나 오용을 어떻게 막느냐를 생각하는 것도 엄청난 자원이 될 수 있습니다. 제3의 물결이 도래한 사회의 핵심은 지식이고, 교육입니다. 체세포 복제 줄기세포 기술뿐 아니라 그것에 대한 일반인들의 정확한 이해와 오용 가능성에 대한 성찰, 그리고 그것을 실현하기 위한 법적 제도까지 다 선점해야 합니다. 이번에 황 전 교수 사태 이후에 미국에서 연구진실성위원회Office of Research Integrity니 기관윤리위원회Institutional Review Board니 하는 제도들을 다 수입해오지 않습니까? 제3의 물결 속에서 살아남기 위해서는 이런 모든 부분들에 대해 세심한 주의를 기울일 필요가 있습니다.

|엘륄| 그렇게 말하기는 쉽지만 과연 실천이 가능할까요? 통제가 불가능하다는 말의 또 다른 의미는 일단 이 기술이 개발되면 거

기에서 파생되는 수많은 기술들에 대해서 이의를 제기하기는 더욱 어려워질 것이란 점입니다. 이번에도 문제가 되었듯이, 체세포 복제 줄기세포를 만들기 위해서는 많은 난자가 필요하기 때문에, 기술을 확립할 때까지 사용해야 할 난자는 더욱 많아야 합니다. 난자를 얻는 과정이 여성의 건강을 위협한다는 것은 이미 잘 알려져 있습니다. 이에 따라 동물 난자의 사용이나 난자 세포 복제 등이 논의되기도 했습니다. 논의되었던 기술은 이종교배를 통한 줄기세포 확립이나 난자 세포 복제 기술 등입니다. 또 체세포 복제 줄기세포 기술과 직간접으로 연결된 태아의 유전자 조작이나 장기 이식 기술 등 수많은 기술들이 덩달아 개발될 것입니다. 기술들은 서로 밀접하게 연결되어 있기 때문입니다. 지금은 한 주제를 가지고 합의회의를 하지만, 그때가 되면 일일이 합의회의를 여는 것이 불가능해지겠죠.

| 토플러 | 저는 사실 위에 말씀하신 여러 가지 기술들을 왜 문제 삼으시는지 모르겠습니다. 그리고 통제, 통제 하시는데 왜 기술의 발전을 통제해야 한다고 보시는지도 모르겠습니다. 모든 기술에는 어느 정도의 부작용이 있습니다. 그러나 그 부작용은 극복해야 할 문제이지, 피해 가야 할 이유는 아니지 않습니까?

| 엘륄 | 바로 그런 식의 사고방식이 오늘날의 기술 사회를 지배하고 있어요. 인간이 무엇입니까? 사회가 무엇입니까? 인간은 단순히 망가지면 고치는 기계가 아닙니다. 신성한 존재이고 자유로운 존재입니다. 자유롭다는 것은 거부할 수 있다는 것입니다. 신성하

다는 것은 한 명의 희생이라도 무겁게 보고 한 생명이라도 존중해야 한다는 뜻입니다. 복제된 존재들은 신성합니까, 그렇지 않습니까? 만약 누군가 유전자 조작을 통해 완벽한 아기를 가지겠다고 한다면 어떻게 하겠습니까?

|스클로브| 그런 말씀은 약간 핵심을 벗어나는 것 같습니다. 유전자 조작은 다른 합의회의에서…….

|엘륄| 그게 아니라니까요. 두 기술이 직접 연결되지 않은 것은 나도 잘 압니다. 하지만 모든 현대 기술은 궁극적으로 연결되어 있어요. 생명과학끼리는 서로 매우 밀접한 연결 고리가 있습니다.

|토플러| 교수님 말씀을 이해 못 하는 바는 아닙니다. 저도 제 책들에서 앞으로 그런 윤리적인 문제들이 일어날 것이라고 보았습니다. 그러나 제 관심은 그 문제들 자체가 아니라, 다가올 미래의 엘리트와 정치인들, 그리고 국민들이 그 문제를 어떻게 다룰 것이냐 하는 것입니다. 즉 어떻게 서로 다른 의견들에 대해 합의점을 찾고 힘의 균형을 이룰 것이냐는 거죠. 오늘 생각해보니 합의회의도 한 방법이 될 수 있을 듯합니다.

|엘륄| 난자를 사고팔게 되어 여성의 몸이 상품화할 가능성이 있다든지, 지금은 세금으로 지원을 하지만 결국 그 결과는 소수의 부자들만이 누리게 될 것이라든지 하는 부분은 이미 많이 지적되었으니 긴 말 하지 않겠습니다. 그러나 마지막으로 우리 시대

의 기술 숭배에 대해서는 한 말씀드리겠습니다. 흔히 IT$^{\text{information technology}}$와 BT$^{\text{bio technology}}$, NT$^{\text{nano technology}}$를 결합시켜야 한다고 말합니다. 토플러 선생도 비슷한 말을 하지 않았나요? 그러나 아무도 그 결합을 통해 어떤 기술이 가능해지고 어떤 기술을 원하는지 구체적으로 말하는 사람이 없습니다. 그냥 막연히 뭔가 대단한 것이 나올 것이라고 생각합니다. 도대체 우리가 알지 못하는 것을 원하는 이유가 무엇입니까? 방금 언급한 의도하지 않은 결과의 위험에도 불구하고 배아 줄기세포 연구에 엄청난 돈을 퍼붓는 것은 그 연구가 성공했을 경우, 그리고 아무런 부작용이 없이 원하는 결과를 제공할 경우 생길 잠재적인 이익에 투자하는 것입니다. 그런데 이번에 황 전 교수의 예에서 볼 수 있듯이 이런 투자가 전문가들의 우려에도 불구하고 거의 '묻지 마' 식으로 진행되었고, 한국 국민들은 거기에 열광했습니다. 이것은 비이성적인 투자이고 비상식적인 열광입니다. 전형적인 기술 사회의 모습을 보여줍니다.

|토플러| 저는 새로운 가능성을 모두 알아야 한다는 것에 반대합니다. 인터넷이 오늘과 같이 발전할 줄 아무도 예측하지 못했지만 이미 현대 삶의 방식과 사고에 엄청난 영향을 미치지 않았습니까? 왜 IT, BT, NT가 합치면 괴물만 나올 것이라고 상상하시는지 모르겠습니다. 물론 문제도 생기겠지만 지난 역사를 돌이켜 보면 인간이 그렇게 녹록지는 않습니다. 기회는 살리고 위기는 극복할 수 있는 힘이 있습니다. 소극적으로 자유만 강조하지 마시고 인간의 잠재력도 인정하십시오. 이런 기술들, 다 우리 사람

들이 만든 것 아닌가요?

|스클로브| 두 분의 토론은 이쯤 하고요. 이제 시민 패널들 질문 있으면 하시죠. 이따가 방송 끝나고 질의응답 시간을 좀 더 가지겠습니다만, TV 생중계는 시간 제한이 있어서 질문을 많이는 못 받고, 두세 분만 받겠습니다. 마르쿠제 선생님, 좀 기다리세요. 시민 패널 먼저 하고요.

|마르쿠제| ……

|하이데거| (마르쿠제에게) 자네가 참아. 요새 애들이 그렇더라고. 뭐든지 민주적으로 하자고 하잖아. 학자에 대한 존경은 사라지고 정치만 남았어. 자네도 뭐 내가 잠시 정치한 거 가지고 두고두고 날 비판하잖아. 학문적으로 이야기해야지 말이야. 옛 스승한테 그래도 돼?

|마르쿠제| (하이데거에게) 아, 지금 이런 거랑 나치스 가담한 사람 욕하는 거랑 같아요? 아직도 반성 못 하신 거 아니에요?

|시민 패널1| 엘륄 교수님께 질문입니다. 만약 교수님 말씀대로라면 생명공학 분야는 아예 포기해야 할 것 같은데 그렇다면 애당초 이번 합의회의는 필요 없는 거 아닌가요? 저희 합의회의의 목적은 복제 배아 줄기세포 개발에 대한 것이지 생명공학을 할지 말지를 논의하러 모인 건 아니거든요.

|엘륄| 예. 바로 그 점이 문제라고 전 생각합니다. 오늘 토론의 주제는 폭이 너무 좁고, 결론도 사실 정해져 있습니다. 논의의 주제를 체세포 복제 줄기세포 연구로 한정하니까, 이 연구를 하지 말자고 결정하더라도 그 이유는 이런저런 부작용 때문이겠지요. 그러나 기술 발전에는 보다 간접적이고 보다 심오한 부작용들이 있습니다. 개별 기술의 연구를 지속할지 말지 결정하는 것으로는 기술 사회의 문제를 제대로 다룰 수 없지요. 그러나 이번 합의회의가 무의미하다고 생각하지는 않습니다. 처음에는 이런 고민부터 시작해서, 나중에는 기술 사회가 나아가야 할 바에 대한 보다 큰 논의를 할 수 있게 되기를 바랄 뿐입니다.

|시민 패널2| 토플러 선생님께 질문 있습니다. 제가 선생님이 쓰신 책을 잘 읽어보니까 여기 저기 엘륄 선생님이 지적하신 것과 비슷한 문제 제기가 있더라고요. 그런데 선생님은 별 대안도 없이 해피엔딩을 확신하시는 것 같거든요.

|토플러| 저는 미래학자이지 불운을 막아준다는 부적이나 만들어 파는 점쟁이가 아닙니다. 미래학자는 미래에 일어날 부정적인 문제와 긍정적인 가능성을 모두 생각하고 고려해서 보는 것입니다. 제가 미래의 가능성을 더 강조하는 것으로 보이는 이유는, 아마도 우리 모두가 미래에 대한 희망을 가지고 있기 때문일 겁니다. 그 희망은 막연한 것이 아니라, 인간이 역사를 통해 수많은 위기 상황을 극복해왔기 때문에 생긴 것입니다. 앞으로 일어날 수 있는 위기 상황을 극복하지 못하란 법은 없습니다. 괜히

미리 걱정하고 비관적이 될 필요는 없죠. 해피엔딩을 확신하는 것이 아니라, 희망하는 것입니다.

|스클로브| 오늘 열띤 토론 감사합니다. 이제 마무리 발언 하시죠. 이번엔 토플러 선생님 먼저 하시겠어요?

|토플러| 처음에도 말씀드렸습니다만, 엘륄 선생님과 제가 가진 가장 큰 차이는 저는 힘들고 위험해도 미래로 한번 가보자는 것입니다. 엘륄 선생님이 하신 말씀들도 결국 제3의 물결에 성공적으로 대처하는 데 중요한 밑거름이 됩니다. 제가 《제3의 물결》에서 이런 말을 쓴 적이 있습니다.

> 기술반군들의 주장은 제1물결로 돌아가자는 것 같기도 하고 실제 그런 경우도 있다. 하지만 그들도 결국 제3물결의 주역들이다.

여기서 기술반군이란 표현은 제가 엘륄 선생님 같은 분들을 염두에 두고 쓴 것입니다. 제3의 물결은 매우 유동적입니다. 제2의 물결처럼 대규모 공장과 조직이 지배하는 것이 아니라 지식이 지배합니다. 또 제3의 물결에서는 제1의 물결에서와 같이 생산소비자들이 사회의 주역을 맡게 됩니다. 지식의 생산소비자들이겠지요. 지식에는 여러 가지가 있고, 그중에는 엘륄 선생님의 주장과 같은 지식도 있습니다. 저는 체세포 복제 줄기세포 같은 새로운 기술과 그 기술에 대한 비관적인 시각이 함께 모여 제3

의 물결을 이루는 것이 아닐까 생각합니다. 감사합니다.

|엘륄| 제 말에 짜증 나는 분들 많으시지요? 제가 살아 있을 때도 욕 많이 먹었습니다. 도대체 어쩌자는 거냐는 질문도 많이 받았고요. 별로 드릴 말씀이 없습니다. 기술 사회의 신화는 오늘 우리가 가지는 합의회의와 같은 노력에도 불구하고 계속될 것입니다. 그러나 그 신화를 의심하고 비판하는 개인들, 기술 사회에 매몰되지 않는 자유로운 사람들이 늘어나는 것이 중요하다고 생각합니다. 그들이 무엇을 할 수 있을지는 저도 잘 모르겠고요. 저만 모른다고 하는 건 아니고요. 마르쿠제 선생도 결국 잘 모르겠다고 했고, 제가 프랑스의 레지스탕스였기에 특히 더 안 좋아하는 하이데거 씨도 구체적인 대안은 못 내놓았지요. 그러나 우리 모두의 스승인 소크라테스가 말했듯이, 모르는 것을 모른다고 하는 것이 모르는데 안다고 우기는 것보다 훨씬 더 지혜로운 것이라는 점을 말씀드리고 싶습니다. 체세포 복제 줄기세포, 우리가 모르는 것이 너무 많기 때문에, 그 무지의 결과는 참담할 가능성이 너무 많습니다. 결국 연구는 계속되겠지만, 여기 계신 여러분은 그 연구에 너무 흥분하지 마십시오. 토플러 선생의 낙관론, 듣기는 좋지만 무책임한 것일 수 있습니다. 감사합니다.

|스클로브| 이것으로 시민-전문가 토론을 마치겠습니다. 전국의 시청자 여러분 감사합니다.

마치는 음악과 함께 스클로브는 참석자들과 악수를 하고…….

|하이데거·마르쿠제| 아니……. 우리한테도 차례를 준다며? 요즘 애들 정말 안 되겠네?

|포스트먼| TV라는 게 원래 그래요. 선생님들…….

|위너| 이보게, 스클로브 군. 진행은 잘했네만 연로하신 선생님들께 너무한 건 아닌가?

|스클로브| 생방송 진행이 쉽지 않네요. 죄송합니다. 제가 오늘 출연료 받으니까 근사한 데로 한번 모시겠습니다.

Alvin Toffler

Chapter 3

이슈
ISSUE

과학기술의 발전은 곧 진보를 의미하는 것일까?
기술의 발전에 대한 지나친 의존 속에
기술에 종속되어 대상화되어가는 것은 아닐까?
기술의 발달을 둘러싸고 벌어지는 논쟁을 통해
기술 문명 시대를 살고 있는
우리의 모습을 되돌아보자.

Jacques Ellul

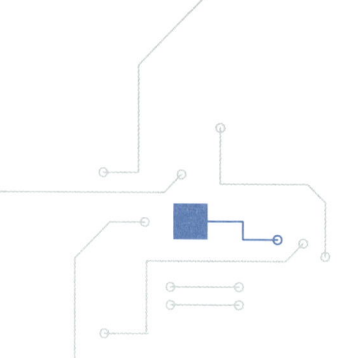

 이슈 1

경제가 기술을 이끄는가, 기술이 경제를 이끄는가?

현재 최고의 컴퓨터 칩 회사인 인텔Intel의 창업자 고든 무어Gordon Moore, 1929~ 회장은 1965년 〈일렉트로닉스Electronics〉 매거진에 단일 칩 상의 트랜지스터 숫자가 해마다 두 배씩 증가할 것이라는 이론을 제기했다. 1975년에는 칩에 집적되는 트랜지스터 숫자가 매해가 아닌 두 해마다 두 배씩 증가한다고 이론을 수정했고 현재는 18개월로 수정된 상태다. 이는 현재까지 그대로 지켜지고 있다. 무어의 법칙은 현대 기술이 얼마나 빠른 속도로 발전하는지를 상징적으로 잘 드러내준다.

현대 기술이 이렇게 빠른 속도로 발전하는 원동력은 무엇일까? 가장 일반적인 대답은 역시 경제적 이윤이라는 것이다. 이 관점에 따르면, 현대 기술은 개발에 비용이 워낙 많이 들기 때문에 경제적인 뒷받침 없이는 발전할 수 없다. 그 비용을 감당할 수 있는 주체는 국가나 큰 기업들뿐인데, 이들은 당연히 자신들

의 투자자본을 회수하려고 한다. 국가는 세금을 타당하게 운영해야 하고, 기업은 이윤을 남겨야 하기 때문이다. 나아가 국제 시장에서의 치열한 경쟁 때문에 기술 발전은 점점 더 빠른 속도로 이루어질 수밖에 없다. 좀 더 나은 기술을 먼저 시장에 내놓아야 경쟁에서 유리하기 때문이다.

이러한 시각은 많은 면에서 현실을 잘 반영하고 있다. 컴퓨터 기술이니 휴대전화, 각종 의료용 기계 등과 같은 최첨단 기술은 치열한 경쟁을 통해 발전하고 있다. 경제적 이익을 위해서는 윤리적인 논란이 있는 기술이라도 일단 개발하고 봐야 한다는 주장은 우리에게 별로 낯설지 않다. 얼마 전 황우석 전 교수의 논

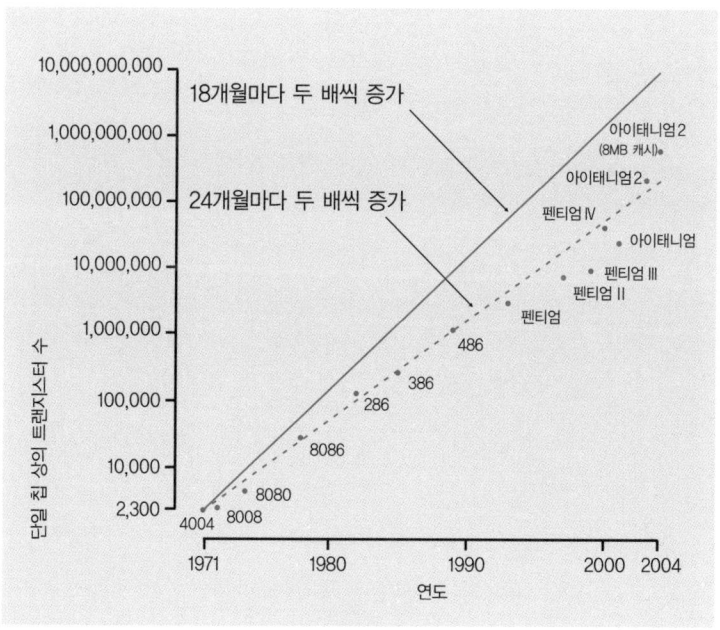

무어의 법칙

문 조작 사건이 밝혀진 후에도, 많은 사람들이 '국익', 즉 미래의 경제적 이익을 위해서 황 전 교수를 용서해야 한다는 입장을 피력했다.

그러나 좀 더 자세히 생각해보면, 현대 기술의 발전이 경제적인 논리에 의해 좌우된다는 것은 너무 성급한 일반화다. 우선 모든 기술 개발이 경제적인 목적을 위해서 수행되지는 않는다. 오히려 상업적으로 개발된 많은 기술들조차 이전에 비상업적인 목적으로 개발된 후 거기서 파생된 예가 많다. 예를 들어 비행기와 컴퓨터, 인터넷 등은 처음에는 경제적 목적보다는 군사적, 학문적 목적을 위해 개발되었던 기술들이다. 또 현대 기술을 이끌어 간다고 해도 과언이 아닌 군사 및 무기 기술의 경우는 단순히 시장의 요구를 충족시키기 위해 개발되지 않는다. 다시 말해서, 경우에 따라서는 특정한 기술 개발을 위해 회수가 불가능할 수도 있는 엄청난 자본이 투자되는 경우 역시 많다.

둘째, 토플러가 현대 자본주의에 대해 분석한 것을 보면, 자본주의는 돈과 재화가 아닌 지식과 정보 중심으로 발전하고 있으며, 이는 기술의 발전과 밀접하게 연결되어 있다. 이미 살펴본 것처럼, 국제 통신 기술과 교통수단의 비약적인 발전 등이 제3의 물결 시대의 자본주의를 그 이전과는 전혀 다른 모습으로 만들어가고 있다. 요컨대, 시장이 기술에 기대어 발전하는 측면 역시 존재하는 것이다.

셋째, 일반 대중이 자주 접하게 되는 기술 중에는, 기술적 발전이 그 기술에 대한 필요보다 선행되는 경우가 많다. 즉 사람들이 별 필요를 느끼지 않는 기술들을 먼저 개발한 다음, 집중적인 투자를 통해 그 기술을 사용해야 할 필요와 욕구를 가지도록 하는 것이다. 다시 휴대전화의 예를 들자면, 사람마다 휴대전화를 사용하는 방식이 달라서 어떤 사람은 일부의 기능만 사용하고 어떤 사람은 모든 기능을 섭렵한다. 그러나 제한된 기능만이 가능한 휴대전화를 구입하는 것은 불가능하다. 그런 모델이 더 이상 시장에 나와 있지 않기 때문이다. 그러나 놀랍게도, 쓸모없는 기능이 너무 많다고 불평하는 사람들보다는 새로 나온 휴대전화를 구입하려는 사람들이 더 많다. 왜일까? 소비자들이 속으로 원하고 있었던 바로 그 기능이 추가됐기 때문일까? 그보다는 새 휴대전화를 만드는 회사가 휴대전화만 만드는 것이 아니라 그 수요까지 창출하는 것이라고 보는 것이 더 정확하다.

　물론 자본주의 사회에서 광고를 통해 소비자의 구매 욕구를 높이는 것을 죄악시할 필요도 없고, 기술이 먼저 개발된 뒤에 새로운 수요를 억지로 창출하는 것을 탓할 필요도 없다. 모든 기술이 다 그런 식으로 운영되지는 않는다. 또 팔릴 만한 기술을 개발해야 성공하는 것이지 아무것이나 만들어놓고 수요를 창출할 수는 없다. 하지만 기술의 발전이 시장의 논리에 의해서만 진행되는 것은 아니라는 점은 중요하다. 또 수요를 창출하는 수단인 광고도 일종의 기술이라고 할 수 있다는 점 역시 기억해야 한다.

　엘륄처럼 현대 기술의 발전에 시장경제가 전혀 영향을 미치지 못한다고 보는 관점 역시 지나친 면이 없지 않다. 그러나 시장의 논리에 따라 기술의 발전 방향이나 속도가 결정된다고 보는 것은 매우 단순한 견해다. 둘 다 맞거나 둘 다 틀리다는 애매한 결론을 내릴 수도 있지만, 굳이 두 입장 중 하나를 골라야 한다면 기술이 시장경제를 이끌고 가는 측면에 더 주의를 기울여야 할 것이다. 기술 사회에서는 기술이 시장 이외에도 사람들의 삶 모든 부분에 꾸준히 영향을 미치며, 무엇보다 기술의 발전 자체를 긍정적으로 본다. 기술이 경제 논리에 의해 발전한다고 하면 경제성이 떨어지는 기술 개발 노력은 모두 중단되어야 한다. 그러나 기술 개발 자체가 긍정적인 의미를 가지는 사회에서는 기술 발전이 시장의 논리보다 더 중요한 위치를 차지하게 된다.

이슈 2

총이 사람을 죽이는가, 사람이 사람을 죽이는가?

미국에서 가장 큰 시민단체는 뭘까? 아마 전혀 뜻밖일 것이다. 바로, 총기 보유의 자유를 주장하며 총기의 바른 사용법을 알리는 미국총기협회^{National Rifle Association, NRA}다. 이 협회의 홈페이지에 가보면 새로 나온 총 광고뿐 아니라 각종 총기 관련 액세서리를 판매하고 있다. 이는 미국에서 총의 의미가 남다르다는 것을 잘 보여준다.

우리가 서부영화에서 보듯이 미국의 역사는 총의 역사였다. 총으로 미국 본토에 살던 인디언을 쫓아냈고, 자꾸만 넓어지는 영토에서 총으로 자신의 안전을 지킬 수밖에 없었다. 미국에서 지금까지 총기 휴대가 자유로운 것은 이러한 역사적인 뿌리를 가지고 있기 때문이다. 지금 현재 미국에는 민간인이 약 2억 5,000만 정의 총기를 소유하고 있다고 하는데, 이는 미국 인구 10인당 평균 9정에 달하는 것이다.

물론 과거에 총을 많이 사용했다는 이유만으로 총기 휴대를 허용하는 것은 아니다. 미국 수정헌법* 2조가 개인의 총기 휴대를 보장하는데, 이는 총기 휴대가 자유주의의 상징으로 받아들여지고 있음을 보여준다. 자유주의 원칙에 따르면 개인은 남에게 피해를 주지 않는 한 무한한 자유를 누릴 권리가 있다. 특히 총은 부당한 국가 권력으로부터 개인의 자유를 보호하는 수단이다. 미국총기협회는 국가가 총기의 휴대를 금지하는 것이 개인의 자유를 침해하는 것이라 주장하고, 적극적인 정치 로비를 통해 이를 관철시키고 있다. 민주당이 집권했던 클린턴 대통령의 재임기간(1993~2001) 중에 한시적으로 제정된 반자동 총기 금지법이 부시가 당선되고 공화당이 집권하면서 연장되지 못한 것은 이 단체의 정치적인 힘을 잘 보여준다.

　이 단체가 모토로 삼는 구호가 바로 "총이 사람을 죽이는 것이 아니라, 사람이 사람을 죽인다"이다. 이 말의 뜻은 간단하다. 총은 단지 도구일 뿐이기 때문에 미국에서 총에 맞아 죽는 사람이 많은 이유는 총기 휴대를 허용하기 때문이 아니라 총을 사용하는 사람들을 제대로 규제하지 못하기 때문이라는 것이다. 따라서 총기의 불법유통을 막고 엄격한 사법적 심판을 통해 총기 범죄를 차단하면, 헌법에 규정된 개인의 권리를 지키면서도 총기로 인한 사고를 줄일 수 있다고 주

:: **미국 수정헌법**
미국의 헌법은 1787년에 제정되어 1788년에 비준되었다. 그러나 헌법 수정 제안과 비준 절차가 까다로워, 오늘날까지 27개의 '수정 조항'들만 추가되었다. 그중 10개 조항은 1791년에 수정이 이뤄졌으며, 이때 제2조의 내용이 다음과 같이 수정됐다. "규율 있는 민병들은 자유 주(州)의 안보에 필요하므로, 무기를 소장하고 휴대하는 국민의 권리가 침해받아서는 안 된다."

장한다.

 이 예는 기술의 도구성을 논할 때 자주 인용된다. 미국총기협회는 기술이 사람의 목적을 이루기 위한 도구일 뿐이라는 입장을 대변한다. 이런 생각은 널리 퍼져 있다. 기술의 발전을 추구하는 것 자체는 중립적인 행위이고, 그것을 제대로 사용하느냐 잘못 사용하느냐에 따라 좋은 결과를 낳기도 하고 문제가 생기기도 한다는 것이다. 이러한 견해에 따르면 핵무기조차도 잘 사용하면 전쟁 억지 효과를 볼 수 있다. 이때 잘 사용하는 방법은 착한 나라들이 보유만 하고 사용하지 않는 것이고, 잘못 사용하는 경우는 나쁜 나라가 보유하고 있다가 사용하는 것이다. 논란이 많았던 인간 배아 복제 줄기세포 연구가 진행될 때에도 그 연구의 결과가 인간 복제를 가능하게 할 것이라는 우려에 대해 인간 복제를 법으로 금지하고 잘 관리하면 그런 일이 없을 것이라는 반론이 제기되었다.

 그러나 이런 입장에는 문제가 많다. 우선 이 입장은 기술이 인간에 미치는 광범위한 영향을 무시한다. 앞 장에서 언급한 쟁기의 예를 들지 않더라도, 새로운 기술로 새로운 환경이 조성되기 때문에 인간의 사고방식, 생활방식이 바뀌게 되는 것이다. 미국에서 총기 휴대를 반대하는 사람들이나 기술의 자율성을 주장한 엘륄 같은 학자가, 총이 벌떡 일어나 사람을 죽인다고 생각하는 것은 아니다. 이들에게 중요한 것은 사람과 총 중 어느 쪽에 책임을 부여할 것인가의 문제가 아니라(그것은 너무 자명하지 않은가?), 총이라는 가능성이 야기하는 여러 가지 변화들이다. 총에 대해 생각할 때는 우리 집 장롱 안에 있는 총 한 자루만을 생각할 것이 아니라 그 총이 제작되고 유통되고 사용되는 사회 전체를 생각해야 한다. 총을 아무 데서나 구할 수 있는 사회의 구조와 그 안에서의 인간관계는 그렇지 않은 사회와는 다르다. 총기 휴대를 반대하는 사람들은 총기를 손쉽게 사서 사용할 수 있는 미국의 환경 때문에 총기 사고가 많이 일어난다고 본다.

기술의 도구성을 강조하는 입장에는 또 다른 문제도 있다. 현대 사회에서 기술의 사용이 불가피해지는 상황이 점점 늘어난다는 것이다. 첨단 기술 사회에 사는 사람들은 아침에 일어나서 저녁에 잠들 때까지 수많은 기술을 사용한다. A씨는 자명종 소리에 일어나 버스나 지하철을 타고 출근해서 엘리베이터를 타고 50층에 있는 사무실에 올라가 컴퓨터로 일하다가 자판기에서 커피를 뽑아 마신다. A씨에게 기술은 도구에 불과하니 언제든지 사용을 중지할 수 있는 것이라 말할 수 있을까? A씨가 원하면 기술적 요소를 배제한 삶을 살 수 있는가? 닭을 키워서 꼬끼오 소리에 잠을 깨고 사무실에는 걸어서 출근하고 50층까지 걸어 올라가서 이야기를 전할 일이 있으면 다시 사무실을 내려와 걸어서 거래자를 찾아갈 수 있는가? 엘륄이 말한 것처럼, 현대 기술 사회에서 누군가 기술의 사용을 중지하기로 한다면 그는 정상적인 삶을 살 수 없다. 아미시 공동체가 자기들끼리 모여살 수밖에 없는 데는 이유가 있는 것이다. 동시에, 아미시 공동체가 추구하는 것은 기술을 철저히 도구로만 사용함으로써 기술이 자신들의 삶의 방식에 끼치는 영향을 최소화하거나 그 영향력을 통제하에 두려는 것이다.

휴대전화의 예는 방금 말한 현대 기술의 두 가지 영향력을 보다 적나라하게 보여준다. 1997년 시티폰으로 일반화되기 시작한 휴대전화가 2006년에 와서 어린아이를 빼고는 거의 누구나 가지고 있는 기계가 되었고, 휴대전화를 사용하지 않는 것은 엄청난 민폐가 되는 지경에 이르렀다. 누구에게나 언제든지 연락을 취할 수 있다는 것이 매우 자연스럽고 당연한 일이 되었기 때문이다. 모두가 휴대전화를 가지고 있다는 전제하에 약속을 하기 때문에 시간과 장소를 정확하게 정하지도 않고, 늦어도 즉시 변명이 가능하다. 다른 사람의 차를 가로막고 주차를 하면서도 별다른 양심의 가책을 느끼지 않는다. 전화를 받지 못한 경우에는 나중에 저장된 번호로 다시 통화를 시도하지 않으면 무례한 사람이 돼버린다. 알람 기능과 스케줄 입력은 물론이고 음악을 들을 수도 있으며 교통카드와 인터넷뱅킹까지 휴대전화로 처리할 수 있다. 휴대전화를 집에 두고 온 날에도 주머니에서 휴대전화의 진동이 느껴진다는 사람들이 많다.

 휴대전화는 도구이고 사용하는 것은 자유다. 그러나 휴대전화는 짧은 시간 동안 사람들의 문화와 사고방식을 완전히 바꿔놓았을 뿐 아니라 그것을 사용할 것인지를 결정할 자유의 폭을 좁혀놓았다.

 다시 총기의 예로 돌아가자. 총기의 경우는 물론 사용이 불가피한 경우라 할 수 없다. 총기는 비교적 간단한 기술이고, 다른 나라에서는 법을 통해 제작과 사용을 원천적으로 규제하고 있기 때문이다. 또 총기가 허용되고 있다는 점을 감안하면 미국 내 범죄율이 엄청나게 높다고 볼 수도 없다. 그러나 총이 사람을 죽이는 것은 아니기 때문에 시장에서 사고팔 수 있고 자유롭

:: **브뤼노 라투르**

프랑스의 철학자·사회학자. 라투르가 개척한 '행위자-연결망(acteurs-réseaux) 이론'은 과학기술 지식의 생산·전파·발전 과정을 이해하려면 관련 전문가나 이해집단과 같은 사람 및 사람의 집단뿐 아니라 인간이 아닌 생명체나 사물도 행위자로 포함시켜 분석해야 한다는 내용을 담고 있다. 또 현대에는 과학과 기술이 서로 구별되기 힘든 상태로 융합돼 있음을 강조하며 '테크노사이언스(techno-science)'라는 용어를 유행시킨 것으로 유명하다. 대표적인 저서로 《우리는 한 번도 근대였던 적이 없다(Nous n'avons jamais étémodernes)》(1991), 《실험실 생활(la Vie de laboratoire)》(1988) 등이 있다.

게 휴대해도 좋다고 하는 논리에는 기술, 특히 현대 기술이 인간에 미치는 막강한 영향력을 너무 쉽게 생각하는 잘못된 전제가 깔려 있다.

그래서 결론이 무엇이냐고? 총이 사람을 죽이는지, 사람이 사람을 죽이는지에 대한 답을 내기는 어렵다. 차라리 프랑스 사회학자 브뤼노 라투르[Bruno Latour, 1947~]가 주장하듯 사람도 아니고 총도 아닌, 사람과 총이 결합한 새로운 존재가 사람을 죽인다고 말하는 것이 옳을지도 모른다. 그러나 그럴 경우에도 총기 휴대를 허용하는 것은 잘못이다. 라투르가 언급한 새로운 존재, 즉 '총-인간'의 결합체가 너무 쉽게 나타날 수 있는 세상은 좋은 세상이 아니다.

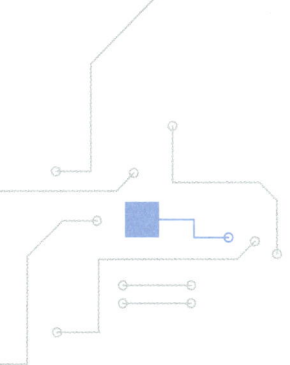

기술의 발전은
인간의 진보인가?

 기술의 발전은 인간의 진보인가? 산업혁명 당시에 새로 등장한 기술에 대해 엄청난 기대를 가졌던 사람들은 기술의 발전을 통해서 인간의 진보가 완성될 것이라고 생각했다. 마르크스는 자본가와 노동자로 대립해 있는 자본주의의 모순을 극복해 자본가들이 독점한 생산수단인 기술을 노동자들이 소유하게 될 때 지상천국이 찾아올 거라고 믿었다. 이런 종류의 '낙관주의'는 자본주의자나 공산주의자 모두 공유해왔고, 오늘날에도 사실상 가장 일반적인 생각이라고 할 수 있다. 기술의 발전은 언제나 긍정적인 것으로 받아들여지고, 기술로 인해 야기되는 문제들은 해당 기술을 잘못 사용했거나 관리 잘못 때문에 생기는 일이라고 보는 경우가 많다.

 이러한 견해를 뒷받침할 만한 보기는 얼마든지 있다. 인류를 오랫동안 괴롭혀왔던 많은 질병들이 20세기에 들어와 사라져버렸고 인간의 수명은 비약적으로 늘어났다. 기술이 발달된 나라에서는 더 이상 추위와 더위가 큰 문제가 되지 않는다. 자연재해를 완벽히 제어하지는 못하지만, 늘 자연의 힘을 두려워하며 살아야 했던 과거와는 형편이 완전히 달라졌다. 기술 사회에 사는 사람들은 자연을 위협으로 느끼지 않는다. 자연이 인간에게 주는 여러 가지 문제들을 이성적인 사고를 통해 극복했다는 점에서 기술의 발전을 인간의 진보라고 생각할 수도 있다. 근대 이후 인간은 스스로 이성적 존재라는 것을 무척 강조했는데, 현대 기술은 인간 이성과 합리성이 가지는 힘의 극치를 보여준다고 봐도 무방할 것이다.

그러나 동시에 기술은 인간이 얼마나 무섭고도 복잡한 존재인지 증명했다. 인간의 이성은 과학과 기술을 통해 자연을 극복하는 데 분명히 도움이 되었지만, 과학과 기술은 다시 인간이 이성적 존재인 것만은 아니라는 사실을 깨닫게 해주었다. 엄청난 힘이 인간에게 주어지면서, 인간의 어두운 면도 적나라하게 드러나게 되었다. 히틀러가 아우슈비츠를 비롯한 여러 유대인 수용소에서 600만 명을 공장식으로 학살한 사실과 나가사키와 히로시마에 떨어진 두 개의 원자폭탄, 그리고 최근까지 전쟁에서 사용되었던 집속탄集束彈* 등은 인간의 잔인함과 무절제함을 잘 보여준다. 또 토플러가 지적하듯이 빠른 속도로 진행되는 기술

:: **집속탄**
일명 '모자폭탄'이라고도 불린다. 하나의 폭탄 안에 여러 개의 소형폭탄이 들어 있어서 시한장치에 의해 '모폭탄'을 상공에서 폭발시키면 그 안의 '자폭탄'이 목표를 공격하는 식이다. 지나친 파괴력과 잔인함으로 많은 지탄을 받았지만 뛰어난 성능 때문에 많이 개발되고 있다.

사회 속에서 많은 개인들이 자기 정체성을 잃거나 우울증에 빠져 헤어나지 못하고 있다.

과학기술의 기초가 된 서양 근대 철학은 이성적으로 생각하는 능력을 인간의 가장 본질적인 모습으로 보았다. 하지만 현대에 와서는 이성적인 인간 역시 외로움, 사랑, 증오, 욕심과 욕망에 시달린다는 사실 역시 무시할 수 없음을 알게 되었다. 물론 이러한 통찰이 그 이전에 없었던 것은 아니다. 그러나 현대 기술의 발달은 그러한 사실을 보다 노골적으로 보여준다. 군사·학문용으로 시작해 일반인들도 사용할 수 있게 된 인터넷에 올라 있는 정보 중 합법·불법 음란물이 가장 많은 비중을 차지하고 있다는 사실은 시사하는 바가 크다. 현대 기술의 모든 혜택을 누리는 선진국들이 자살률은 오히려 못사는 나라들보다 높다. 반면에 최빈국 중 하나인 방글라데시의 행복지수가 세계에서 가장 높다는 뉴스는 아이러니하지 않은가?

결국 인간의 진보를 어떻게 해석할 것인지가 관건이다. 인간의 진보는 인간이 인간으로서 이룰 수 있는 좋은 것들을 하나하나 발견하고 이룩해나가는 것이라고 보면 될 것이다. 질병과 고

런던 정경대학(LSE)에서 1998년 발표한 '세계 행복 조사' 주요 순위 (54개국 대상)		
1위 방글라데시	12위 남아프리카공화국	32위 영국
2위 아제르바이잔	14위 브라질	37위 프랑스
3위 나이지리아	17위 크로아티아	42위 독일
4위 필리핀	19위 아르헨티나	44위 일본
5위 인도	20위 헝가리	46위 미국
10위 터키	23위 한국	54위 몰디브

통으로부터 벗어나는 것은 매우 중요한 진보의 일부일 것이다. 또 좋은 사회와 공동체를 만들어 더불어 행복하게 살아가는 것도 수많은 전쟁의 과거를 가진 인류에게는 진보일 것이다. 모든 사람이 최소한의 편의와 의식주의 기본적인 복지를 누리는 것도 진보라고 보아야 할 것이다. 인간의 진보에 대한 이런 해석은 적어도 산업혁명 초기에 기술 낙관주의자들이 가졌던 꿈, 그리고 지금 토플러가 제3의 물결을 제대로 맞이한다면 이룰 수 있다고 보는 꿈과 어느 정도 일치한다.

이렇게 볼 때, 기술의 발전이 인간이 진보와 어느 정도 연관이 있는 것을 부인할 수는 없다. 그러나 모든 종류의 기술발전과 모든 단계의 기술발전이 인간의 진보로 연결되는지는 확실치 않다. 의학 기술과 전쟁 기술을 비교한다면, 전쟁 기술을 인간의 진보와 연관시키는 것에는 무리가 따를 것이다. 의학 기술 안에서도 후천성면역결핍증^{AIDS}이나 말라리아를 고치는 백신의 개발은 인간의 진보에 중요한 영향을 미치겠지만 배아의 유전자를 조작하는 기술이 과연 진정한 의미의 진보인지는 고려해봐야 할 것이다.

문제는 현대 기술은 방금 말한 것처럼 하나씩 따로 떼어서 생각하기 힘들다는 것이다. 같은 기술이라도 여러 가지 방식으로 사용될 수 있으며, 수많은 기술들이 서로 밀접하게 연결되어 강고한 '기술 시스템'을 이룬다. 따라서 기술의 발전이 인간의 진보인지를 묻는 물음은, 서로 같이 맞물려서 빠른 속도로 발전하는 기술 시스템이 과연 인간의 진보에 기여하는가를 묻는 물음이 되어야 할 것이다. 그러나 개별 기술에 대해서도 인간의 진보에 도움이 되는지 여부를 판단하기 어려운데, 기술 시스템 전체가 인간의 진보에 도움이 되는지를 고민해보라는 것은 무리한 요구일 수도 있다.

그럼에도 불구하고 기술의 발전이 인간의 진보인지를 묻는 물음은 매우 중요하다. 이 물음이 특정한 답을 의도한 것이 아니라면, 기술의 발전이 인간의 진보에 오히려 역행한다는 결론을 내릴 가능성도 내포한다. 기술의 발전 자체를 신성시하는 기술 사회에서는 그러한 가능성을 놓고 고민하는 것 자체가 의미 있는 행동이다.

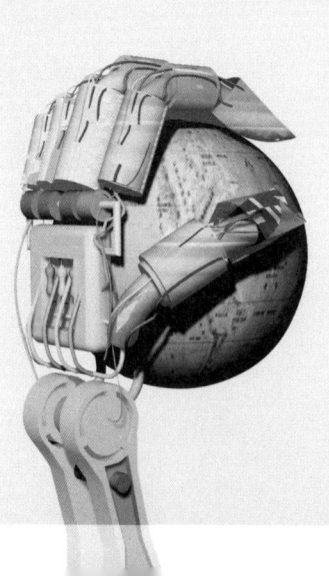

에필로그
Epilogue

1 지식인 지도
2 지식인 연보
3 키워드 찾기
4 깊이 읽기

Epilogue1
지식인 지도

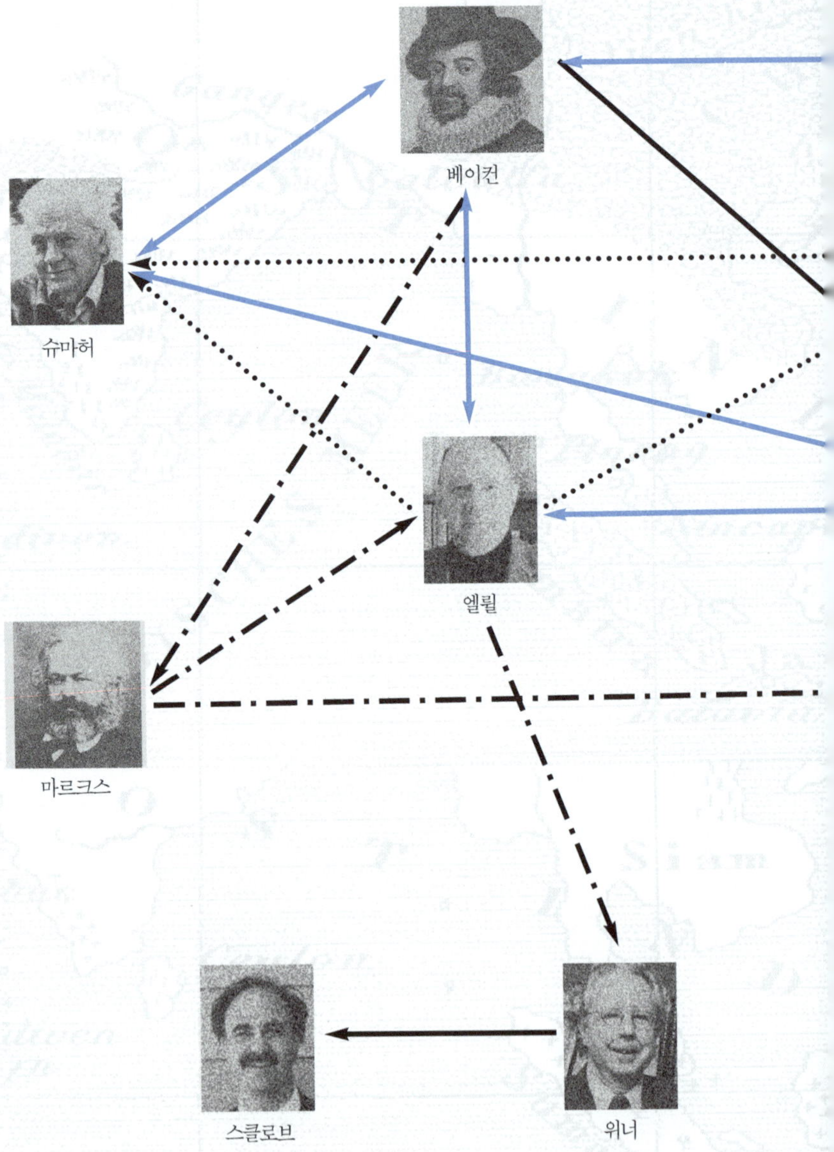

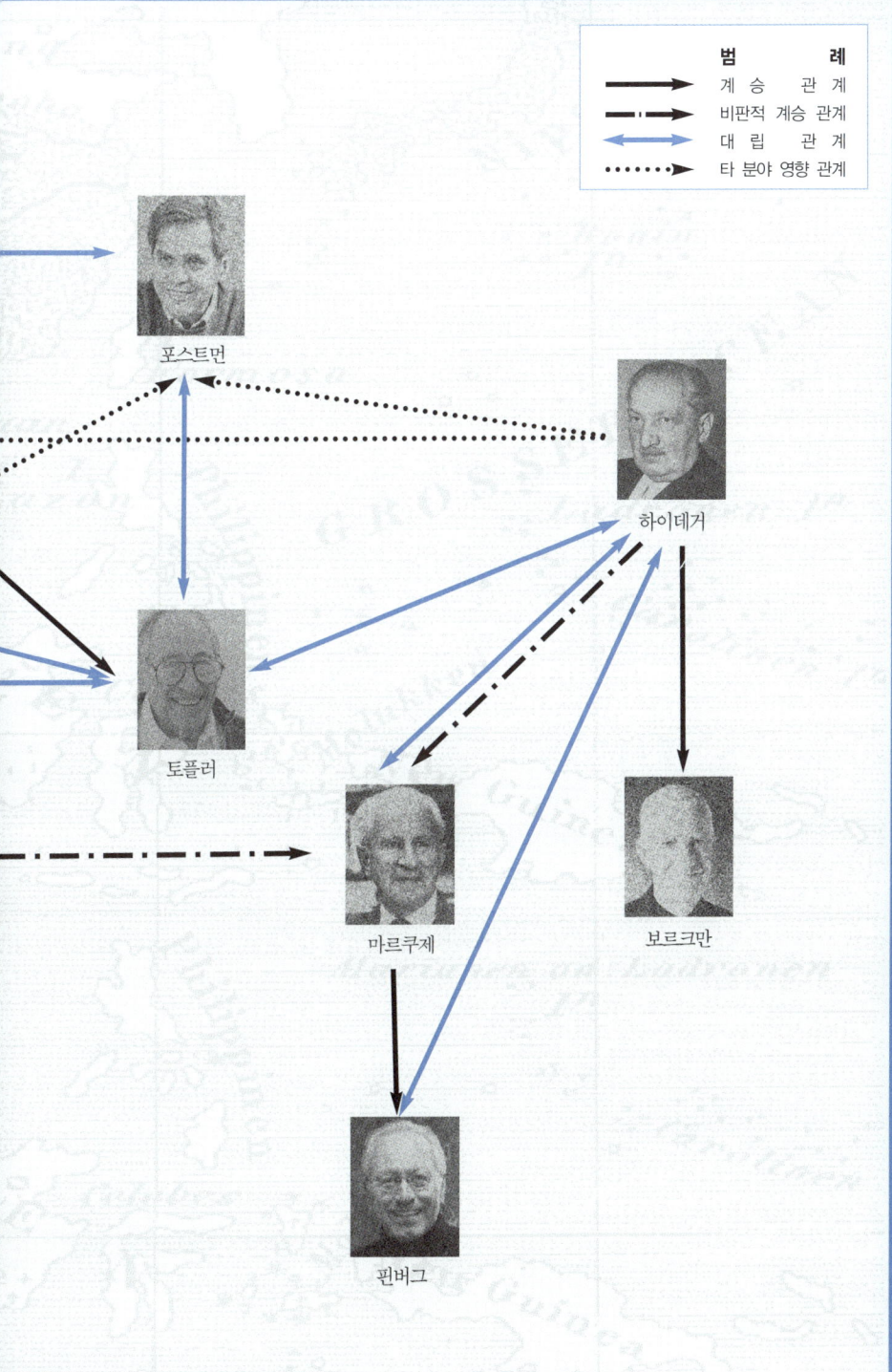

Epilogue2

지식인 연보

• 엘륄

1912	프랑스 보르도에서 출생
1936	보르도 대학에서 법학 박사 취득
1937	몽펠리에, 스트라스부르 등에서 가르침
1940	비시(Vichy) 정권에 의해 학교에서 해고당한 뒤 농사를 지으면서 레지스탕스 운동에 가담
1944	보르도 부시장 취임
1946	보르도 대학 법학부, 사회학부 교수
1954	《기술사회》 프랑스에서 출간
1964	《기술사회》 미국에서 출간, 외국에서도 유명해지기 시작함
1977	《기술 시스템》 프랑스에서 출간(미국에선 1980년)
1988	《기술담론의 허세》 프랑스에서 출간(미국에선 1990년)
1994	보르도에서 사망

• 토플러

1928	뉴욕에서 출생
1949	뉴욕 대학 졸업
1957	경제지 〈포천〉 부편집장
1961	사회조사 뉴스쿨(New School for Social Research) 교수
1970	《미래의 충격》 출간
1980	《제3의 물결》 출간
1985	한국 최초 방문, 이후로는 자주 방문
1990	《권력이동》 출간
1995	《부의 법칙과 미래(War and Anti-War)》 출간
2005	한국 방문, 스너피와 황우석 전 교수를 만남
2006	부인과 공저로 《부의 미래》 출간

Epilogue3

키워드 찾기

• **과학기술학** Science and Technology Studies, STS 과학기술학이란 과학기술과 사회의 상호작용에 대한 여러 가지 연구를 통칭하는 말로 과학사회학과 기술사회학, 과학사와 기술사, 과학기술정책학, 과학철학과 기술철학 등을 아우른다.

• **공학윤리, 생명윤리, 의료윤리** 특정한 전문직업에 종사하는 사람들이 지켜야 할 윤리적 규범들이다. 공학윤리는 공학자들이 자신들의 연구를 수행함에 있어서 지켜야 할 규범들을 다루고, 의료윤리는 의사들이 지켜야 할 윤리적 의무를 다룬다. 생명윤리는 여러 가지로 해석할 수 있는데, 유전공학과 같이 특별히 생명과 관련된 연구에서 제기되는 윤리적인 문제를 다루는 것으로 이해되기도 하고, 동물이나 생태계에 대한 관심을 아우르는 환경친화적인 윤리와 연관되어 생각되기도 한다.

• **기관윤리위원회** Institutional Review Board 사람을 대상으로 수행되는 연구가 윤리적인 문제가 없는지, 연구윤리의 제반 사항을 준수하는 범위 내에서 이루어지고 있는지를 심의하는 기구로 대부분의 경우 그 학자가 속한 기관 안에 구성된다.

• **기술영향평가** technology assessment 새로 개발되는 기술이나 기존 기술의 발전 방향에 대해 단기적인 효과 및 결과 뿐 아니라 장기적으로 예상되는 여러 가지 문제들을 종합적으로 평가하는 제도. 환경영향평가도 이에 속한다고 볼 수 있다. 기술영향평가에는 여러 가지 방법들이 사용되는데, 전문가 주도형과 시민 참여형, 이 둘의 절충형으로 크게 나눌 수 있다. 합의회의는 시민 참여형의 대표적인 예다.

• **농업혁명** Agricultural Revolution 인류가 지상에 살게 된 이래 오랫동안 계속된 수렵과 채집의 단계가 끝나고 한곳에 정착해 농사를 짓고 가축을 키우며 살게 된

것을 일컬음. 농업혁명은 기원전 10세기경에 메소포타미아에서 시작되었다고 본다.

- 르네상스 Renaissance '재생', '부흥'을 뜻하는 말로서 14세기 이탈리아에서 시작되어 16세기 유럽을 풍미하며 정점에 이르렀던 인간 중심의 사고방식을 말한다. 이는 미술, 건축, 음악 등 문화적 영역뿐 아니라 사회, 정치, 경제 등 인간 삶의 모든 영역에 영향을 미쳤다. 르네상스 운동에 참여한 사람들은 고대 그리스의 인간 중심적 사고에 경도되었는데, 이는 중세 천 년 동안 유럽을 지배한 교회의 권위가 차츰 수그러들고 있었음을 잘 보여준다.

- 부르주아지 bourgeoisie 서양 중세에 도시에 살면서 길드를 조직하여 귀족보다는 낮은 신분이지만 농노처럼 귀족에게 경제적으로 종속되지도 않았던 시민 계급을 가리키는 프랑스어. 이들은 중세 후기와 근세 초기에 왕과 결탁해 교회와 귀족들에 대항했고, 17세기와 18세기에 들어서는 근대화, 산업화 및 자본주의 경제체제의 주역이 되었다. 마르크스는 이들을 생산수단을 소유하고 노동자를 착취하는 지배계급으로 보았다.

- 사회구성주의 social constructivism 서양 철학에서 중시하던 '본질'에 대한 강조를 비판하면서 이론적 지식들은 독립적으로 존재하는 현실의 반영이 아니라 결국 사회적 합의에 의해 구성된 것이라고 주장하는 이론. 이 사상은 현대의 거의 모든 분야에 막대한 영향을 끼쳤고, 특히 과학과 기술의 객관적, 중립적 지위에 타격을 가했다.

- 산업혁명 Industrial Revolution 18세기 중엽에 영국을 중심으로 시작해 유럽과 신대륙으로 퍼진 산업화의 물결. 이 기간에 증기기관과 같은 새로운 기술이 개발되었고 기계를 이용한 공장 대량생산이 시작되었으며, 기차와 증기선 같은 새로운 교통수단이 만들어졌다. 오늘날 우리가 누리고 있는 자본주의 시장경제의 단초가 이때부터 생겨났고, 정치적으로도 민주주의가 본격적으로 시작되었다.

- 생산소비자 prosumer 토플러가 만들어낸 개념으로 생산자(producer)와 소비자(consumer)를 합친 말이다. 토플러에 따르면 농업 중심의 제1의 물결 시대에는 자신이 농사짓고 소비하는 생산소비자가 대부분이었으나 제2의 물결과 함께 생산자와 소비자가 구분되었다고 한다. 그런데 정보와 지식이 중요시되는 제3의 물결시대에는 다시 생산소비자가 등장하게 된다.

- 연구진실성위원회 Office of Research Integrity 연구자가 연구윤리에 어긋나는 행동을 했는지를 조사하는 위원회. 정부가 운영하기도 하고 대학이 운영하기도 함.

- **중간기술과 적정기술**intermediate technology & appropriate technology 중간기술은 영국의 재야 경제학자 슈마허가 주창한 개념으로, 지역의 특성을 무시한 대규모로 개발되는 기술이 아닌, 지역에서 얻을 수 있는 재료와 자원을 사용하여 공동체를 파괴하지 않는 작은 규모로 유지될 수 있는 기술을 말한다. 이는 나중에 적정기술이라는 개념으로 발전되어 후진국에서뿐 아니라 선진국에서도 미국을 중심으로 좀 더 인간적이고 환경친화적인 기술을 개발하려는 움직임으로 이어졌다.

- **지속 가능한 개발**sustainable development 1980년 국제자연보전연맹회의(International Union for Conservation of Nature)에서 채택되어 세계보전전략(World Conservation Strategy)에서 사용된 개념으로 "우리의 생존과 다음 세대를 위한 자연 자원의 수탁자 임무 수행을 위해서 개발과 보전은 동등하게 필요하다"라고 해 경제개발과 환경보전의 조화를 강조한다.

- **합의회의**consensus conference 기술영향평가 중 시민 참여 방식의 하나로, 문제가 되는 기술을 주제로 삼아 시민 패널을 선정하고 이들에게 기본적인 지식을 습득하게 한 후, 전문가를 초청해 전문가-시민 포럼 등을 진행하고 시민 패널의 토론을 거쳐 결론을 도출, 기자회견 등을 통해 이를 발표한다. 시민 패널과 합의회의를 주관하는 사람들의 중립성이 매우 중요하며 국가나 관련 기관이 이 회의의 결과를 충분히 반영하려는 의지가 있어야 한다. 1987년 덴마크에서 처음 실시되었으며, 한국에서도 유네스코와 시민과학센터 주관으로 몇 차례 시도되었다.

- **환경영향평가**environmental assessment 특정한 개발 사업이 환경에 미치는 영향을 미리 파악해 개발에 따른 환경의 피해를 최소화하기 위한 평가. 개발의 기술적, 경제적인 효과뿐 아니라 환경에 미치는 영향까지 다각도로 분석해 개발의 타당성을 검토하고 지속 가능한 개발을 위한 방안을 모색하는 데 사용된다. 환경을 해치는 개발에 면죄부를 주는 것일 뿐이라는 지적도 있다. 2005년 천성산 터널 공사를 막기 위해 지율 스님이 100일 동안 단식을 했을 때 요구한 것이 바로 환경영향평가의 재실시였다.

Epilogue4

깊이 읽기

❖ **학술서와 교양서**

• 프랜시스 베이컨, 《새로운 아틀란티스》 - 에코리브르, 2002
베이컨이 꿈꾼 과학기술의 유토피아에 대한 이야기. 베이컨이 죽은 다음 해인 1627년에 처음 출간되었다. 주인공은 폭풍우를 만나 표류하다가 벤살렘 왕국의 사람들에게 구출된다. 과학학술원이 나라에게 가장 중요한 기관인 벤살렘 왕국은 인간의 지식과 거기서 비롯된 힘이 최고로 인정되는 곳이다. 짧고 재미있다.

• 프랜시스 베이컨, 《신기관》 - 한길사, 2001
아리스토텔레스의 논리학 저서인 《기관(Organum)》에 반한다는 뜻으로 '신기관(Novum Organum)'이라 이름 지은 책. 전통의 연역법이 아닌 귀납법의 원리를 설파하고 이를 통해 지식의 축적을 이루어야만 인간이 자연을 지배할 힘을 가지게 된다고 주장한다.

• 앨빈 토플러, 《미래의 충격》 - 범우사, 1986
1970년에 출간돼 토플러를 미래학자의 확고한 위치에 서게 한 책. 다른 문화권에 가면 문화 충격을 받듯이, 너무 빠른 기술 발달로 정신없이 변하는 세상에서 우리는 미래 충격에 노출된다.

• 앨빈 토플러, 《제3의 물결》 - 범우사, 1992
1980년에 쓴 토플러의 주저. 미래의 충격을 물결들의 충돌이라는 개념으로 정리하고, 이후 그의 사상에 기본적인 바탕이 된다.

- 앨빈 토플러, 《권력이동》 – 한국경제신문, 1990

제3의 물결이 어떻게 권력의 모습을 바꾸었는지를 보여주는 책. 이전까지 권력은 물리적 힘과 경제력에 기반을 두고 있었으나 이제 권력의 핵심은 지식과 정보다. 이 책의 내용은 이러한 권력이동 과정에서 나타나는 투쟁을 묘사하고 있어 앞의 두 책에 비해서 상당히 어둡다.

- 엘빈 토플러와 하이디 토플러, 《부의 미래》 – 청림출판, 2006

가장 최근에 집필한 책으로 이번에는 '부'라는 개념으로 미래를 내다보려 시도한다. 제3의 물결이 어떻게 부의 개념을 혁명적으로 변화시키게 될 것인지를 보여주지만 주저 《제3의 물결(The Third Wave)》만큼 인상적이지는 않다.

- 자크 엘륄, 《기술의 역사》 – 한울, 1996

1954년 불어 초판을 영어로 번역한 《기술 사회(The Technological Society)》를 다시 번역한 책. 자율적 기술 개념을 주장하는 엘륄의 대표작이다. 번역은 다소 미흡하다. 엘륄의 기술에 대한 다른 책은 번역된 것이 없다.

- 하이데거, 《기술과 전향》 – 서광사, 1993

하이데거의 기술철학을 공부하기 위해 꼭 봐야 할 책. 그러나 난해하다.

- 닐 포스트먼, 《테크노폴리》 – 궁리, 2005

우리는 어떻게 기술에 정복되어가고 있는가? 현대 기술의 흐름에 막연하게 끌려가고 있는 미국 사회에 대한 예리한 분석. 이해하기 쉬우면서도 생각을 촉발하는 책이다.

- 닐 포스트먼, 《죽도록 즐기기》 – 참미디어, 1997

텔레비전이 어떻게 정치, 경제, 교육, 종교 등 인간 삶의 모든 부분에 대한 담론을 오락으로 전락시키고 있는지를 분석한 책.

- 슈마허, 《작은 것이 아름답다》 – 문예출판사, 2002

1973년에 나와 지금까지 널리 읽히는 책. 인간 중심의 경제학은 중간기술을 기반으로 한 작은 규모의 공동체로부터 시작된다는 주장을 설득력 있게 펼친다.

- 김성동, 《기술-열두 이야기》 – 철학과현실사, 2005

우리나라 최초의 기술철학 개론서. 간략한 기술의 역사와 기술에 대한 철학적 논의들을 알기 쉬운 말로 잘 정리했다.

- 이장규·홍성욱, 《공학기술과 사회》 - 지호, 2006

'21세기 엔지니어를 위한 기술사회론 입문'이라는 부제처럼 공학도를 위한 유익한 정보가 많이 들어 있다. 특히 2장(기술과 사회를 바라보는 관점들)과 4장(현대 기술에 대한 반성)이 우리의 논의와 관련된다.

- 김수삼 외, 《다시 기술이 미래다》 - 생각의나무, 2005

공학자들이 쓴 미래 이야기. 앞으로 발전할 핵심 공학 기술에 대한 이해를 돕는 책.

- 브래드 이고우, 《아미시 공동체》 - 들녘, 2002

전기도 자동차도 쓰지 않는 미국의 아미시 공동체. 그들끼리 돌려 보는 신문에 기고한 글들을 모은 책으로 아미시들의 생각과 고민을 그들의 말로 읽을 수 있다.

- 이상욱 외, 《욕망하는 테크놀로지》 - 동아시아, 2009

기술철학과 기술사회학의 중요 주제에 대한 소개글들을 모아놓은 책. 각 주제별로 핵심적인 내용을 담고 있어 입문서로 적당하다.

- 이중원 외, 《필로테크놀로지를 말한다》 - 해나무, 2008

기술철학의 여러 주제들을 심층적으로 다룬 책. 기술철학의 대표적 이론과 개별 기술들에 대한 철학적 논의를 차례로 소개한다.

❖ **소설과 영화**

- 조지 오웰, 《1984》 - 민음사, 2003

1949년에 미래를 생각하며 쓴 소설. 1984년 오세아니아는 빅브라더(Big Brother)가 다스리는 세상이다. 채널이 고정된 텔레스크린이 집집이 설치되어 모든 이들의 일거수일투족을 감시하는 상황에서 막연히 자유를 갈망하는 윈스터의 운명은……

- 올더스 헉슬리, 《멋진 신세계》 - 문예출판사, 1998

사람이 사람 공장에서 만들어지는 미래의 세상. 전체주의와 발전된 과학기술이 만날 때 우리의 미래는 어떤 모습일까? 왠지 으스스한 소설.

- 메리 셸리, 《프랑켄슈타인》 - 환상문학전집, 황금가지, 2004

시체들의 장기를 절단·재조합하여 괴물 인조인간을 만들어낸 물리학자 프랑켄슈타인. 그가 만들어낸 괴물은 인간 이상의 힘을 발휘하며, 추악한 자신을 만들어낸 프랑켄슈타인을 위협한다. 괴물은 자신과 함께 살 여자를 만들어달라고 요구하는데…….

• 찰리 채플린 감독, 〈모던 타임스〉 - 1936
찰리 채플린 불후의 명작인 1936년의 흑백 영화. 채플린이 톱니에 걸려 돌아가는 유명한 장면이 나온다. 공장에서 종일 나사를 조이는 일을 하는 찰리는 급기야 모든 걸 조이고 싶어 하게 되고…….

• 앤드루 니콜 감독, 〈가타카〉 - 1997
'그리 멀지 않은 미래'의 이야기를 그린 영화. 유전공학의 발달로 모든 아이는 유전자 조작을 통해 우성 인자만을 가지고 태어난다. 자연 임신을 통해 태어난 주인공 빈센트 같은 사람들은 '부적격자'로 사회에 발 디딜 틈이 없다. 우주비행을 꿈꾸던 빈센트는, 우성 인자를 가졌으나 사고로 걷지 못하는 제롬의 도움을 받는다.

• 워쇼스키 형제 감독, 〈매트릭스〉 - 1999, 2003
1편은 1999년에, 2편과 3편은 2003년에 개봉되었다. 기계가 모든 것을 지배해버린 미래의 어느 때. 인간들은 평범한 생활을 하는 것 같지만 실상 컴퓨터가 구성한 가상의 세계에 살고 있다.

• 피터 위어 감독, 〈위트니스〉 - 1985
한 아미시 어린이가 우연히 경찰의 살인 사건을 목격하게 되고, 이 사건을 파헤치던 형사는 부상을 입고 아미시 마을에 숨어들게 된다. 영화의 줄거리와는 별개로 아미시 공동체의 삶을 잘 그린 영화.

• 지피 브랜드 프랭크 감독, 〈구글 베이비〉 - 2009
국제적인 난자 거래와 대리모 거래를 파헤친 다큐멘터리. 이스라엘의 사업가 도론은 난자 매매가 허용된 미국, 인공수정이 발달한 이스라엘, 대리모 거래가 가능한 인도를 오가며 고객들이 원하는 아이를 '만들어' 준다.

❖ **인터넷 홈페이지와 가볼 만한 곳**

- 앨빈 토플러 홈페이지 : www.alvintoffler.net

자신들의 활동에 대한 홍보, 주요 저서들에 대한 간단한 소개가 실려 있으며 그 외 자료는 많지 않다.

- 자크 엘륄 홈페이지 : www.ellul.org

영어와 불어로 엘륄의 일생, 서지 목록, 최근의 엘륄 연구 소식 등이 게재되어 있다.

- 과학기술과 사회 홈페이지 : www.freechal.com/sts

우리나라에서 과학기술학(STS)에 대한 가장 많은 자료가 모여 있는 웹페이지.

- 기술영향평가 : www.takorea.or.kr

한국과학기술기획평가원에서 기술영향평가를 실시하기 위해 만든 홈페이지. 기술영향평가에 대한 설명과 현재 이루어지고 있는 기술영향평가에 대한 여러 자료들이 제공된다.

- 유비쿼터스 드림 홀 : www.ubiquitousdream.or.kr

유비쿼터스에 대한 간략한 설명과 애니메이션이 있다. 홈페이지에서 예약을 하면 유비쿼터스 전시장을 직접 방문해 유비쿼터스 환경을 체험할 수 있다.

- 세계 기술철학회 홈페이지 : www.spt.org

세상에 하나뿐인 기술철학회. 논문집 〈Techné〉를 무료로 다운받을 수 있다.

- 로카 연구소 : www.loca.org

민주적 기술개발을 지향하는 미국의 정책연구소. 스클로브가 연구소장으로 일하기도 했고, 위너는 지금도 이사회의 일원으로 참석하고 있다.

- 이 책의 저자와 김영사는 모든 사진과 자료의 출처 및 저작권을 확인하고 정상적인 절차를 밟아 사용했습니다. 일부 누락된 부분은 이후에 확인 과정을 거쳐 반영하겠습니다.
- 이 책의 번역문 중 닐 포스트먼의 《테크노폴리》는 궁리(김진 역, 2005), 앨빈 토플러의 《미래의 충격》과 《제3의 물결》은 범우사(김진욱 역, 1999/장을병 역, 1999)의 번역을 인용한 것입니다.

Epilogue 5

찾아보기

ㄱ

〈가타카〉 p. 49
《권력이동》 p. 52, 62, 73
《긍정의 힘》 p. 72
《기술사회》 p. 80, 147
《기술 시스템》 p. 80
기술반군 p. 74
기술의 경제학 p. 147, 148
기술의 생태학 p. 146~148
기술의 자율성 p. 86, 89, 96, 97, 103, 122
〈기차의 도착〉 p. 36

ㄴ

농업혁명 p. 24, 54, 55

ㄷ

데모크리토스 Demokritos p. 27
두보스, 르네 Dubos, René p. 100

ㄹ

라투르, 브뤼노 Latour, Bruno p. 190
러다이트 p. 31
러드, 네드 Ludd, Ned p. 31
러디즘 p. 31
뤼미에르 형제 p. 36
르네상스 p. 28, 77
리프킨, 제러미 Rifkin, Jeremy p. 48

ㅁ

마르쿠제, 헤르베르트 Marcuse, Herbert p. 108~110, 112, 115, 121
마르크스, 칼 Marx, Karl p. 31, 34, 80, 81, 108
매클루언, 마셜 McLuhan, Marshall p. 110
〈매트릭스〉 p. 12~14, 86
〈모던 타임스〉 p. 78, 150
모지스, 로버트 Moses, Robert p. 122, 123
무어, 고든 Moore, Gordon p. 180
미국 수정헌법 p. 186

ㅂ

바이오가스 p. 144
밴더버그, 윌럼 Vanderburg, Willem H. p. 146~148
베이커르, 위버 Biker, Wieber p. 119
베이컨, 프랜시스 Bacon, Francis p. 26~29, 65, 67, 68, 153
베크, 울리히 Beck, Ulrich p. 94
벨, 알렉산더 Bell, Alexander p. 36
보르크만, 알베르트 Borgmann, Albert p. 112~116
《부의 미래》 p. 60, 61, 71, 75, 162

ㅅ

사회구성주의 p. 119~121, 126
산업혁명 p. 29~35, 38, 54, 77, 78, 81, 85, 109, 117, 135, 154, 191, 194
생산소비자 prosumer p. 63, 64, 70, 176

셸리, 메리 Shelley, Mary W p. 39, 40
소크라테스 p. 27
슈마허, 에른스트 Schumacher, Ernst p. 141, 144, 156
스클로브, 리처드 Sclove, Richard E. p. 125, 126

ㅇ

아미시 공동체 p. 139~137, 139~141, 149
애덤스, 헨리 Adams, Henry B. p. 30
엘륄, 자크 Ellul, Jacques p. 20, 52, 79, 80, 81, 83, 86, 88, 91, 96, 97, 99~103, 107~112, 115~118, 122, 126, 128, 134, 135, 141, 147, 149, 153~157, 183, 187, 189
염색체 지도 p. 50
오웰, 조지 Orwell, George p. 42, 44
위너, 랭던 Winner, Langdon p. 122, 123, 126
《위트니스》 p. 137
위험사회 p. 93~96
유비쿼터스 p. 42~44, 153
《일차원적 인간》 p. 108

ㅈ

《자율적 기술》 p. 122
《작은 것이 아름답다》 p. 142
정보화 p. 64, 65, 117
《제3의 물결》 p. 53, 54, 61, 62, 73
《죽도록 즐기기》 p. 110
줄기세포 p. 49~51, 96, 130, 160~164, 167, 169~171, 173, 175~177, 187
중간기술 p. 142~146
채플린, 찰리 Chaplin, Charles p. 78

ㅊ

《1984》 p. 42

체르노빌 p. 44~46
츠벤텐도르프 발전소 p. 46

ㅋ

크레이빌, 도널드 Kraybill, Donald p. 141

ㅌ

《테크노폴리》 p. 110, 111
토플러, 앨빈 Toffler, Alvin p. 52~56, 59~62, 64, 65, 67, 69~75, 117~119, 126, 128, 134, 149, 153~157, 182, 192, 194
통 속의 뇌 p. 12, 13

ㅍ

포스트먼, 닐 Postman, Neil p. 110~113, 116, 135
《프랑켄슈타인》 p. 38, 39, 78
프랑크푸르트 학파 p. 108
핀버그, 앤드루 Feenberg, Andrew p. 121, 126
핀치, 트레버 Pinch, Trevor p. 119

ㅎ

하이데거, 마르틴 Heidegger, Martin p. 103~108, 112, 113, 115, 116, 134, 135
합의회의 p. 126~129, 160~168, 171~177
해석적 유연성 p. 120
핵폐기물 p. 45~47, 94, 129
화이트, 린 White, Lynn p. 24

Alvin Toffler
&
Jacques Ellul